PROBLEMAS EPISTEMOLÓGICOS

TRADICIÓN, INNOVACIÓN, PROGRESO Y EL STATUS ONTOLÓGICO DE LA ESTRUCTURA

Julio Planchart Brun

Problemas Epistemológicos

Tradición, innovación, progreso y
el status ontológico de la estructura.

ISBN 978-1-939393-89-0
ISBN 978-1-939393-86-9 (ebook)

Cognitio
Books & Apps
www.cognitiobooks.com

Indice

Prólogo 5

Introducción...13

Continuidad acumulativa de conocimientos...........................23

Ciencia normal 37

La continuidad en las matemáticas......................................51

La ciencia y la metodología de la enseñanza. Crítica versus Dogma. 75

El progreso y la lógica de la investigación científica. 89

El big bang y los agujeros negros, ¿Ciencia normal o revolución? 113

El caos 135

Reflexiones generales y conclusiones. El progreso: ¿Mito o realidad? ...167

Bibliografía...191

Prólogo

El Profesor Julio Planchart nos ofrece un interesante y profundo análisis de ese fenómeno trascendental en la cultura contemporánea que denominamos CIENCIA. Se pregunta y da respuestas acerca de: ¿Cómo se originan los conceptos científicos y cómo se transforman a lo largo del tiempo? ¿Cómo se llega a considerar que un conocimiento es cierto y aceptable por todos los miembros de una comunidad científica y luego éste es cuestionado y sustituido por otro? ¿Es la ciencia una continuidad acumulativa de conocimientos o se trata de incesantes revoluciones? ¿Es la crítica o el dogma lo que en última instancia prevalece? ¿Se puede decir que este proceso implica un progreso a diferencia de lo que sucede en otras actividades humanas? ¿Es el progreso un mito o una realidad?

Cuando se habla de Problemas Epistemológicos, tal como se titula el presente libro, el Profesor Planchart se refiere al estudio del fenómeno del conocimiento, pero no de cualquier tipo de conocimiento sino el nivel más elevado que se puede alcanzar, que en el mundo contemporáneo es patrimonio absoluto de la ciencia, así como en la antigüedad clásica griega lo fue de la filosofía y en el período medieval de la teología. La omnipresente y omnipotente ciencia que invade cada átomo de la existencia humana.

Su trabajo es un fascinante viaje a través de la lógica del conocimiento científico, la cual es analizada desde dos perspectivas distintas, una de ellas la de la evolución del pensamiento científico desde el punto de vista histórico y la otra la que se deduce de la propia práctica o del quehacer cotidiano de los científicos. Para ahondar en estos temas, se analizan los planteamientos que hacen filósofos de la ciencia tales como: Thomas Kuhn, Karl Popper, Imre Lakatos, Stephen Toulmin, entre otros, quienes abordan el fenómeno con diferentes enfoques, algunos opuestos otros complementarios, que nos permiten comprender la práctica científica en toda su complejidad. En este texto se esclarecen conceptos, se corrigen malentendidos y se demuestra la extraordinaria dificultad del mecanismo del progreso científico, cuando es examinado sin prejuicios ni simplificaciones.

El Status Ontológico de la Estructura, subtítulo de esta gran obra, se refiere a la pregunta sobre la relación existente, si es que existe alguna, entre la estructura de las teorías científicas y la estructura de la realidad. El Profesor Planchart se pregunta si las proposiciones de la ciencia "pintan" la realidad, entendiendo pintar como una traducción de la palabra alemana *bild*, utilizada por Ludwig Wittgenstein en el Tractatus logico-philosophicus. Según Wittgenstein, los hechos poseen una estructura lógica que permite la construcción de proposiciones que representan ese estado de cosas, lo que significa que las proposiciones pintan y que lo que pintan lo vemos en la estructura de la realidad, en el mismo sentido del problema planteado por Descartes cuando nos hablaba de que el orden y conexión de las ideas es igual al orden y conexión de las cosas o con la idea de Galileo de que el lenguaje matemático es el lenguaje con el que la naturaleza nos habla. A todo lo largo del presente libro subyace esta inquietud, planteada además por muchos filósofos, sucintamente, la de la relación existente entre teoría científica y realidad, que podemos también verla reflejada en la Teoría de las ideas de Platón, en la concepción de la verdad por correspondencia de Aristóteles, luego expresada por Descartes y más recientemente por el mismo Wittgenstein. Esto último apunta y está íntimamente ligado al problema de la verosimilitud y de la certeza del conocimiento. Adentrémonos entonces en esta magnífica aventura del pensamiento.

Cum Deus calculat, fit mundus.

—*Gottfried Wilhelm Leibniz*

Todo lo que trasciende la geometría nos trasciende.

—*Blaise Pascal*

La filosofía de la ciencia sin historia de la ciencia es vacía. La historia de la ciencia sin filosofía de la ciencia es ciega.

—*Imre Lakatos*

La historia de la ciencia es a menudo una caricatura de sus reconstrucciones racionales; las reconstrucciones racionales son con frecuencia caricaturas de la historia real, y algunas historias de la ciencia son caricaturas tanto de la historia real como de sus reconstrucciones racionales.

—*Imre Lakatos*

Los científicos deben comportarse esencialmente como lo hacen si su objetivo es mejorar el conocimiento científico.

—*Thomas Kuhn*

La "racionalidad" del descubrimiento científico elude necesariamente el análisis y el juicio en términos "lógicos" solamente.

—*Stephen Toulmin*

We do not know, we only guess.

—*Karl Popper*

Las cuestiones de "racionalidad" conciernen precisamente no a las doctrinas intelectuales particulares que un hombre- o un grupo profesional- adopta en cualquier momento dado, sino a las condiciones y a la manera en que está dispuesto a criticar y modificar esas doctrinas a medida que pasa el tiempo.

—*Stephen Toulmin*

Si los teoremas son contradictorios, la culpa no tiene por qué ser siempre de los teoremas.

—*Theodor W. Adorno*

Todo vale.

—*Paul Feyerabend*

La tradición de todas las generaciones muertas oprime como una pesadilla el cerebro de los vivos.

—*Karl Marx*

La herencia cultural no es el conjunto de obras que los hombres deben respetar, sino aquellas que pueden ayudarles a vivir.

—*André Malraux*

The ideal, as we think of it, is unshakable. You can never get outside it; you must always turn back. There is no outside; outside you cannot breathe. —Where does this idea come from? It is like a pair of glasses on our nose through which we see whatever we look at. It never occurs to us to take them off.

—*Ludwig Wittgenstein*

To repeat: don't think, but look!

—*Ludwig Wittgenstein*

El progreso no es un mero hecho para que lo descubra el pensar histórico: es sólo a través del pensar histórico como se logra.

—*R.G. Collingwood*

Ya sería hora de que cayéramos en la cuenta de que ninguna ley benéfica de la naturaleza nos va a salvar de los frutos de nuestra ignorancia.

—*R.G. Collingwood*

En el siglo dieciocho, sabíamos cómo se hacía cada cosa; pero aquí subo por el aire, oigo voces de América, veo volar a los hombres − y ni siquiera puedo adivinar cómo se hace todo. Vuelvo a creer en la magia.

—*Virginia Woolf*

Nunca llevé una cosa en el corazón y otra en la boca.

—*Erasmo*

Las pasiones no sólo son los pilotos que llevan la nave al puerto de la sabiduría, sino que suelen ser el acicate máximo para la función del bien. Verdad es que Séneca el más grande de los estoicos, sostiene que el sabio debe alejar de sí todas las pasiones; pero harto puede verse que si se llevase a cabo esta regla no quedaría nada del ser humano. Sería algo que nunca tuvo ni tendrá existencia real, algo así como una estatua de mármol con figura de hombre, pero insensible e incapaz de todo sentimiento.

—*Erasmo*

Las grandes alas del silencio latían en todo el ámbito de la casa vacía.

—*Virginia Woolf*

Evidentemente, es muy fácil ser feliz, vivir en paz, con un corazón seco y un espíritu limitado.

—*Friedrich Hölderlin*

Leonardo da Vinci *"St. John the Baptist"*

Introducción

El objetivo central de este trabajo es el estudio de la evolución conceptual en la ciencia. Cómo se originan los conceptos científicos, cómo se transforman a lo largo del tiempo, cómo se articulan unos con otros, cómo se va aclarando su significado hasta llegar a una forma aceptable por todos los miembros de una comunidad científica que lo utilizarán a partir de ese momento de una manera acrítica. Cómo es posible que esta forma canónica pueda posteriormente ser cuestionada y sustituida por otra. Cuál es el papel que la crítica juega en todo este proceso.

Este es el tipo de pregunta que nos orientará a lo largo de la presente investigación. Comenzaremos estudiando los planteamientos que sobre estos temas han realizado filósofos de la ciencia como: Karl Popper, Thomas Kuhn, Imre Lakatos, Stephen Toulmin, entre otros. Luego veremos cómo son abordados estos problemas desde la perspectiva de la historiografía de la ciencia y, finalmente, estudiaremos lo que los mismos científicos nos plantean en forma explícita cuando reflexionan sobre estas cuestiones o en última instancia, lo que se deduce de su propia práctica o quehacer cotidiano como científicos.

La idea que perseguimos es la de tratar de comprender en qué consiste ese fenómeno tan importante en la cultura contemporánea al cual denominamos: ciencia. Nuestra preocupación por el tema se deriva de dos vertientes. Por un lado, el tratar de comprender un conocimiento que en sí mismo y sobre todo por su aplicación tecnológica determina hasta los lugares más recónditos de nuestra existencia. De otra parte, el aspecto humanístico, el conocimiento del hombre que produce este tipo de saber; el costo de oportunidad que implica el haber escogido el camino de una sociedad científico-tecnológica, frente a otras posibilidades, si es que las hubiere. En otras palabras, pensamos que el comprender el fenómeno ciencia nos ayudará a precisar mejor ese otro fenómeno, quizá olvidado, dejado un poco o mucho de lado, a la vera del camino, que es: el hombre.

Ese hombre está cada vez más atrapado en las redes de su propio producto y el instrumento que una vez fue pensado como método de liberación podría estarlo llevando a verse a sí mismo como un engranaje en la estructura que el mismo creó.

Siempre hemos pensado que las contradicciones ciencia-poesía, humanidades-ciencias, matemáticas-arte, son falaces, provienen de una visión muy superficial y esquemática de aquello que constituye esencialmente estas actividades. Esperamos que nuestro esfuerzo por tratar de comprender el fenómeno ciencia, específicamente, las llamadas ciencias naturales y su lenguaje básico que no es otro que el de las matemáticas, contribuya a alumbrar un poco estas dificultades.

La palabra epistemología, filológicamente hablando, está compuesta por dos vocablos: *episteme* y *logos*. El significado de estos términos sufrió una evolución importante en el mundo clásico griego. El vocablo *logos* significó primero palabra, luego razón y posteriormente lógica. La palabra *episteme* significaba conocimiento, pero no cualquier tipo de conocimiento. *Episteme* denotó el máximo nivel de conocimiento, aquel conocimiento a cuya búsqueda se abocaba de por vida el filósofo, el amigo del saber. Niveles más bajos de conocimiento eran denotados por palabras como *doxa* que significaba opinión, u *orte-doxa* que significa recta opinión.

Cuando estudiamos epistemología estamos intentando comprender en qué consiste el fenómeno del conocimiento, pero no cualquier tipo de conocimiento sino el grado más alto que puede alcanzar el saber. No es difícil constatar si se ha estudiado con detenimiento la evolución de las ideas en el mundo occidental, que lo que nuestra cultura considera como máximo nivel de conocimiento no es algo que permanezca estático en el tiempo. Por el contrario, podemos ver que en el mundo clásico griego este conocimiento era patrimonio de la filosofía, mientras que en el período medieval se le adjudicó a la teología. Para nadie es una incógnita hoy a qué rama del saber y a quiénes pertenece este máximo nivel del conocimiento.

Es la omnipresente ciencia, con sus complicadas e impenetrables ecuaciones, sus supercomputadores e innumerables *gadgets* tecnológicos que como sus derivados cotidianamente visibles penetran toda nuestra existencia.

Por lo tanto, en la actualidad, la epistemología estudia la lógica del conocimiento científico. Ahora bien, esta lógica la podemos estudiar desde dos perspectivas distintas. De una parte tendríamos el aspecto sincrónico del problema, la estructuración lógica del pensamiento científico en un momento específico de su desarrollo. Hacemos un corte transversal en el hilo conductor de la evolución del pensamiento científico y estudiamos la manera en que se articulan los conceptos. Investigamos la estructura lógica del pensamiento científico. Observamos si existen o no contradicciones entre los conceptos, o si, por el contrario, todos los teoremas son deducibles a partir de axiomas, utilizando las reglas de transformación correspondientes. Los criterios de evaluación utilizados para este tipo de análisis son derivados en su mayor parte de la lógica matemática.

La lógica matemática adquiere así el *status* de instrumento fundamental de la crítica del conocimiento científico, cuando enfrentamos el problema de la ciencia desde un punto de vista sincrónico.

La otra alternativa de acercamiento al fenómeno científico, es la perspectiva diacrónica. Enfrentamos ahora el problema de cómo evoluciona la ciencia en el tiempo.

El estudio de la historia de la ciencia en sí misma y su relación con la investigación de los aspectos estructurales sincrónicos antes mencionados, se ha constituido en el centro de las discusiones epistemológicas contemporáneas.

A lo largo de este trabajo resaltaremos algunos de los puntos nodales que consideramos fundamentales para comprender estas discusiones, que constituyen la reflexión epistemológica en la actualidad. Tratamos de introducir matices que normalmente son dejados de lado en los manuales comúnmente utilizados en la mayoría de las universidades, conformando así una imagen absolutamente tergiversada de lo que es el fenómeno ciencia. Esta imagen simplificada del fenómeno ciencia tiene a su vez graves implicaciones para las ciencias sociales que, sobre todo en años recientes, han tratado de copiar, imitar o aplicar los criterios de cientificidad provenientes de las ciencias naturales.

En este punto cabe resaltar dos posiciones ampliamente sostenidas e igualmente equivocadas por su carácter abstracto. De un lado, tenemos aquellos que consideran que los descubrimientos lógicos y matemáticos en términos del lenguaje científico aportados por las ciencias naturales, no son aplicables en el campo de lo social. En el otro, nos encontramos con aquellos que consideran que sin las matemáticas y los aportes lógicos que les acompañan no hay ciencia. Por lo tanto, estos últimos consideran que la matematización de las ciencias sociales es condición *sin equa non* para la evolución del conocimiento social.

El problema que hemos observado en estas discusiones es que la mayoría de las exposiciones de ambas posiciones adolecen del mismo defecto, una imagen extremadamente simplificada y por lo tanto, tergiversada del fenómeno ciencia.

Esperamos que nuestro trabajo contribuya a que se tomen en cuenta ciertos matices, tanto en lo que se refiere a la estructura de las ciencias naturales (la física, principalmente), como a la de su lenguaje básico, las matemáticas, para que sobre la base de un conocimiento más adecuado de lo que son la estructura lógica de las ciencias naturales y la de las matemáticas, y de cómo han evolucionado estas estructuras a través de la historia, las discusiones antes mencionadas adquieran un carácter constructivo.

En lo que se refiere a la historia de la ciencia nos encontraríamos, *prima facie*, con dos visiones totalmente opuestas. En primer lugar, una concepción acumulativa del conocimiento científico. Según esta posición el trabajo de los investigadores a lo largo de toda la historia de la ciencia consistiría en ir colocando consecutivos ladrillos en la inmensa y sólida pirámide que constituye el edificio de la ciencia. Por supuesto, este proceso sería llevado a cabo sin rupturas. El aporte individual de cada científico se articularía lógicamente, sin contradicciones con los resultados de sus predecesores, constituyendo un incremento del conocimiento científico. En segundo lugar, encontramos una posición contrapuesta a la anterior según la cual las fracturas o revoluciones serían parte integral del desarrollo histórico de la ciencia. Dentro de esta segunda corriente de pensamiento podemos observar dos visiones alternativas del progreso de la ciencia.

De una parte tendríamos aquellos que sostienen que el proceso evolutivo del desarrollo científico se caracteriza por una serie ininterrumpida de revoluciones científicas. La imagen del científico sería la de un hombre eminentemente crítico. Los investigadores propondrían teorías haciendo hincapié, en forma explícita y *a priori*, en sus falsadores potenciales. Nos mostrarían una serie de hechos o situaciones que, en el caso de no cumplirse, significarían la refutación de la teoría en cuestión.

El *modus tollens* sería el mecanismo lógico que marcaría el desarrollo del conocimiento científico. Si una teoría P implica una proposición Q, y Q no se da, entonces la teoría T es negada. Si Q es el caso, entonces dirían que T ha sido corroborada, no demostrada. Por esta vez la teoría ha pasado el examen en su confrontación con la realidad, pero eso no garantiza que el examen sea aprobado en la siguiente confrontación.

Los que proponen este método como forma característica del avance de la ciencia, comparten la idea de Hume con relación a la inducción. El pensar que la inducción es la base del conocimiento científico es una falacia. Si X1 cumple con la propiedad P, y X2 cumple con la propiedad P y Xn cumple con la propiedad P, nada garantiza que Xn+1 cumpla con la propiedad P. La pregunta que se hacen los proponentes de esta línea de pensamiento puede expresarse en forma simbólica de la manera siguiente: $\exists$ PX1. $\exists$ PX2... $\exists$ PXn $\to$ (X) PX, y la respuesta es, por supuesto, negativa. La razón de esta negación es que, como dijimos antes, existe siempre la posibilidad de $\exists$ $\overline{P}$Xn+1, es decir, la posibilidad de que el siguiente caso no cumpla con la propiedad P.

El problema surge cuando confrontamos las dos anteriores visiones del progreso del desarrollo conceptual y empírico de la ciencia, con los aportes de la reciente historiografía de la ciencia. La imagen de la ciencia que resulta de las investigaciones de los historiadores no concuerda con los modelos anteriormente expuestos. La ciencia no avanzaría de una manera acumulativa, ni tampoco estaría constituida por una cadena ininterrumpida de conjeturas y refutaciones. El científico no sería ni un hombre dogmático, ni un crítico puro.

Esta disparidad de criterios entre filósofos de la ciencia, y entre filósofos e historiadores ha llevado a la proposición de modelos teóricos del desarrollo de la ciencia en los cuales coexisten, aunque parezca paradójico, elementos dogmáticos y críticos. En la historia de la ciencia encontraríamos períodos de ciencia normal, en los cuales los científicos serían guiados por paradigmas o programas de investigación compartidos por los integrantes de las comunidades científicas. En estos lapsos de tiempo, la actitud del científico sería fundamentalmente acrítica con respecto a la matriz disciplinaria o heurística que guía su investigación. Nos encontraríamos frente a una ausencia de crítica racionalmente justificada. En la medida en que el programa de investigación vigente sea una promesa de éxito, ratificada por el continuo aumento empírico del conocimiento y por la articulación lógica de las teorías, los científicos se aferrarán a aquellos planteamientos en los cuales fueron entrenados durante su proceso de formación.

El paradigma entrará en crisis y los científicos asumirán una posición crítica cuando deja de resolver los enigmas propuestos y se contamina de anomalías. Las refutaciones superan con creces las corroboraciones, disminuyendo la verosimilitud. La única posibilidad de aumentar el contenido empírico del modelo tiene como costo de oportunidad el incremento progresivo de la incoherencia lógica, la aparición de hipótesis *ad hoc*, incompatibles entre sí o con los axiomas fundamentales.

Ante esta situación los miembros más creativos de la comunidad científica comenzarán a proponer teorías alternativas que deberán resolver las anomalías o problemas planteados por el paradigma vigente y que este paradigma no puede resolver, y asimismo sugerir una serie de problemas no propuestos por el paradigma anterior cuya solución sea posible alcanzar con los nuevos lineamientos. Para que se dé una revolución científica, a partir de estos modelos alternativos tendrá que surgir una nueva concepción teórica que sea lógicamente incompatible con el paradigma anterior y que además represente un aumento significativo de contenido empírico.

Aquí confrontaríamos una nueva dificultad. En la medida en que los axiomas básicos del paradigma vigente son incompatibles desde el punto de vista lógico con los del paradigma emergente, estos paradigmas en competencia son inconmensurables. Y si aceptamos el hecho de la inconmensurabilidad de los paradigmas, los criterios puramente lógicos utilizados normalmente para la evaluación de teorías no serían suficientes. Nos encontramos entonces con la necesidad de utilizar criterios diferentes a los estrictamente lógicos, propuestos en principio por los exponentes del positivismo lógico, del Círculo de Viena y afines.

Tampoco serían suficientes para explicar el cambio conceptual en el progreso del conocimiento científico los criterios del falsacionismo metodológico propuesto por Popper y sus seguidores. Según esta escuela de pensamiento, la evolución de los conceptos científicos se realizaría en forma objetiva. Los conceptos científicos se desarrollan en un mundo ideal independiente de los avatares económicos, políticos o éticos que complican la vida de los comunes bípedos implumes que pululan la superficie de la tierra, el famoso mundo tres. Distinciones como las de contexto de descubrimiento y contexto de justificación se hacen tajantes. Los aspectos sociológicos y psicológicos quedan excluidos de la investigación metodológica.

En este contexto adquiere una gran importancia la distinción interno - externo. Estos conceptos han venido siendo utilizados cada vez con mayor insistencia por parte de los historiadores de la ciencia. La estructura interna del desarrollo lógico de la ciencia sería el elemento fundamental a estudiar por parte de los historiadores. Una vez comprendido cómo evolucionan lógicamente los conceptos, el historiador podría estudiar cómo el contexto sociopolítico y las condiciones psicológicas y éticas de un investigador o conjunto de investigadores podrían afectar el avance de la ciencia.

Un problema fundamental y nudo importante en el tejido que conforman las actuales discusiones epistemológicas sobre los criterios de demarcación entre la ciencia y las demás actividades humanas, en las cuales se pretende precisar con exactitud la especificidad del fenómeno científico, aquello que constituye esencialmente a la ciencia, es el determinar el alcance de lo que denominamos interno en la investigación científica.

Precisamente, si estudiamos con detenimiento las discusiones entre Popperianos y Kuhnianos, nos daremos cuenta que la diferencia entre ambos grupos surge por la ampliación del ámbito de lo interno propuesta por Kuhn y sus seguidores. Se incluirían como elementos internos y fundamentales en el desarrollo del conocimiento científico: aspectos sicológicos, pedagógicos, éticos y sociológicos. Estos elementos serían considerados como externos por los oponentes de estos planteamientos y como parte del contexto de descubrimiento, más no del de justificación, que según ellos es el que debería ocupar exclusivamente al filósofo de la ciencia.

A los problemas mencionados hasta el presente se agrega el proveniente de la imagen de la ciencia y de su desarrollo que sostienen los mismos actores del drama: los científicos. A su vez, podemos observar diferencias entre los mismos científicos dependiendo de que su orientación sea teórica o experimental. La situación se complica todavía más si estudiamos la visión que de las ciencias tienen otros actores importantes en esta historia: los matemáticos. Las relaciones entre las matemáticas y el conocimiento del mundo que nos rodea surgen como problema a partir de los mismos inicios de la historia de la ciencia y la filosofía, dedicaremos algunos capítulos de este trabajo a su estudio.

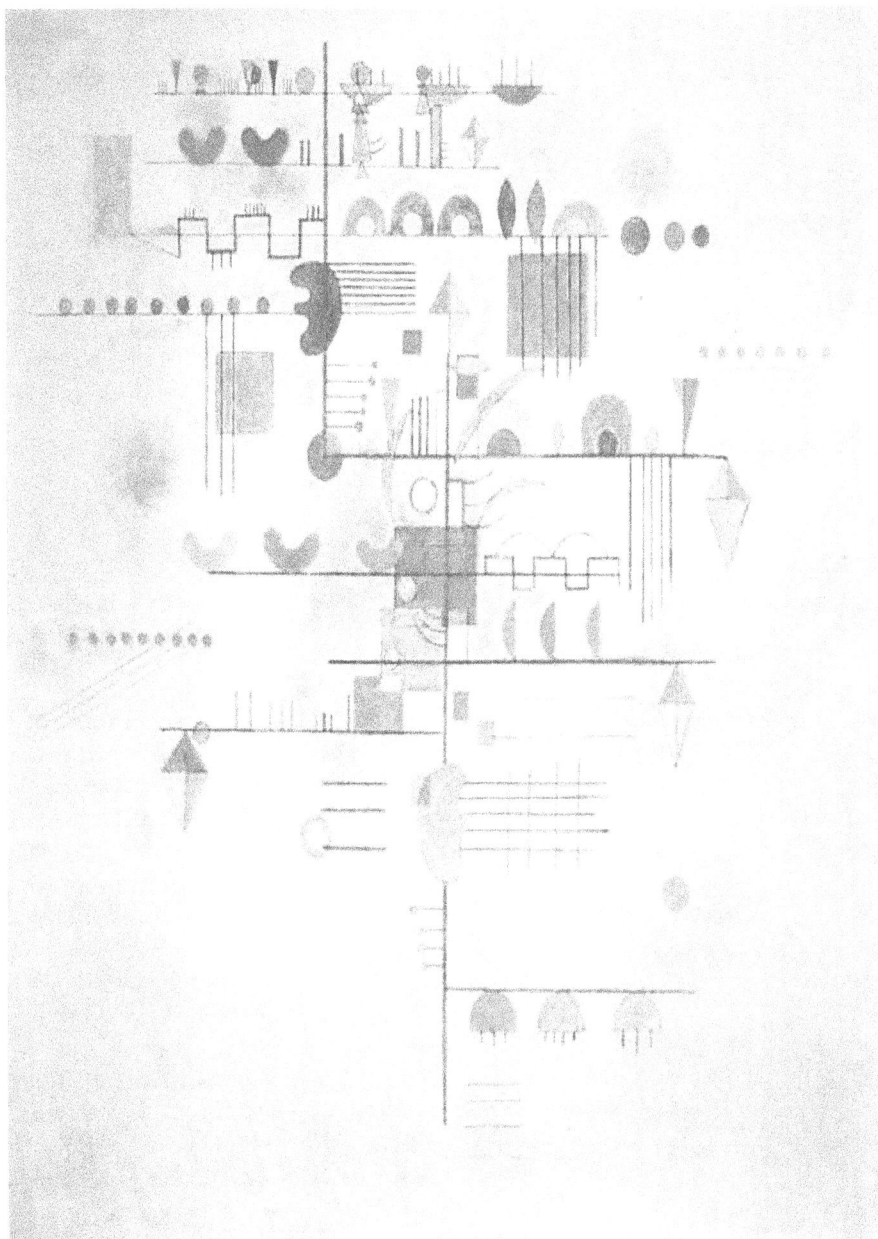

Wassily Kandinsky *"Gentle accent"*

CAPITULO I

Continuidad acumulativa de conocimientos

Si estudiamos cómo progresa la ciencia nos encontramos con una serie de temas y conceptos recurrentes: continuidad, acumulación, ciencia normal, dogmatismo, teoría, paradigma, matriz disciplinaria, conjetura, hipótesis, cadenas de teorías, programas de investigación, enunciados básicos, sentencias protocolares, conocimiento básico, falsadores potenciales, hipótesis falsadoras, falsación, verosimilitud, corroboración, axioma, teorema, reglas de transformación, inducción, deducción, interno, externo, demostración, prueba, crítica, crisis, saltos, cambios de paradigma, cambios de teorías, cambios problemáticos progresivos, cambios problemáticos degenerativos, revolución científica, etc. Algunos de estos conceptos aparecen consuetudinariamente en forma de pares ordenados de términos, opuestos en unos casos, complementarios o equivalentes en otros. El cardinal del conjunto de elementos asociados puede ser también de un orden superior, a continuación señalamos algunos ejemplos:

continuidad	saltos
continuidad	revolución
continuidad	ruptura
pensamiento crítico	pensamiento convergente
crítica	dogmatismo
falsación	estratagema convencionalista
refutación	convención
crítica	certeza

verdad	conocimiento tentativo
verdad	probabilidad
certeza	probabilidad
justificacionismo	convencionalismo
psicologismo	irracionalismo
objetividad	subjetividad
respuestas finales	respuestas probables
progreso	libertad
progreso	libre competencia
progreso	mercado
científico revolucionario	científico convencionalista
avance rápido	avance lento
refutación	hipótesis *ad hoc*
ciencia revolucionaria	ciencia normal
revolucionario	reaccionario
simplicidad	falsabilidad
complejidad	convencionalismo
crecimiento continuo	carácter empírico racional
continuidad	ciencia normal
contrastabilidad	improbabilidad
contrastabilidad	probabilidad
ciencia como actividad cambiante que crece o progresa en el tiempo	ciencia como sistema deductivo axiomatizado
sincrónico	diacrónico
racional	deductivo
racionalidad	crítica examen empírico
progreso	racionalista empírico

inducción	deducción	falsación	contrainducción
interno		externo	
buena ciencia		mala ciencia	

La ciencia puede ser estudiada en su aspecto sincrónico, haciendo un corte en el tiempo e investigando la estructura lógica de la teoría o conjunto de teorías que dominan en un campo de investigación específico, o diacrónicamente, examinando la evolución y articulación de las teorías en el devenir histórico. Además, en nuestra indagación podemos concentrar la atención en la lógica interna de la investigación científica o incluir los elementos externos: la sicología del científico, la estructuración y funcionamiento de las comunidades científicas, la educación científica, el ambiente cultural, ideológico, económico y político en el cual se desarrolla la ciencia. El punto en el cual colocamos la frontera entre lo interno y lo externo constituye uno de los problemas centrales de las discusiones epistemológicas contemporáneas. Otros temas claves son la relación entre continuidad y revolución, entre tradición e innovación en el progreso de la ciencia, los papeles respectivos desempeñados por la crítica y el dogmatismo, y si tiene o no cabida la utilización de una metodología de la enseñanza convergente como base del entrenamiento de los científicos.

A continuación estudiaremos estos problemas conjuntamente con las asociaciones significativas que se derivan de los pares ordenados mencionados *supra*. Analizaremos algunos de estos conceptos en forma aislada, luego los enfrentaremos con su contraparte y posteriormente intentaremos estructurarlos en una visión conjunta que nos permita explicar con todos los matices a nuestro alcance ese complejo fenómeno al cual denominamos: ciencia. El telón de fondo sobre el cual articularemos nuestras ideas está constituido por los trabajos de los mismos científicos, las investigaciones de la historiografía contemporánea de la ciencia y las discusiones sobre los posibles criterios de demarcación de la filosofía de la ciencia actual.

Comenzaremos con el concepto de continuidad, íntimamente ligado con la imagen de la ciencia como un proceso de acumulación ininterrumpida de conocimientos, aunque también es utilizado en una visión de la historia de la ciencia donde alternan períodos de desarrollo acumulativo continuo con revoluciones científicas.

Albert Einstein y Leopold Infeld en su obra *The Evolution of Physics* nos dicen que el desarrollo de una línea de investigación, una vez que ésta ha sido iniciada, tiene una naturaleza evolutiva continua a partir de los presupuestos iniciales.[1] Toda teoría tiene un período de desarrollo gradual. Según ellos la física realmente comenzó con la invención de conceptos tales como masa, fuerza y sistema inercial, que condujeron a la formulación del punto de vista mecánico. Para los físicos de comienzos del siglo XIX, la realidad del mundo exterior estaba constituida por partículas y fuerzas simples que actuaban entre ellas dependiendo sólo de la distancia. Trataron de mantener tanto como pudieron la creencia de que con estos conceptos fundamentales sobre la realidad podrían explicar todos los fenómenos naturales.[2]

La idea de que la ciencia comenzó en el Renacimiento y que sus fundadores son hombres como Copérnico, Kepler, Galileo y Newton, es una idea ampliamente difundida. Tiene como base dos hechos fundamentales, por una parte la tenacidad del paradigma o programa de investigación Newtoniano, y por la otra, la forma como es presentada la historia de la ciencia en los libros de texto sobre los cuales se articula la educación científica contemporánea.

La fuerza y el poder explicativo de los conceptos sintetizados por Newton en su obra hicieron que estos se convirtieran en la base de la investigación científica por los siglos subsiguientes. Para un historiador de este período la imagen de la ciencia tendrá un carácter eminentemente acumulativo. Se encontrará con una interrupción de este proceso acumulativo de conocimientos, con una ruptura o revolución científica sólo si continúa investigando y compara la estructura conceptual Newtoniana con los aportes de Einstein en su *Teoría de la Relatividad General* de 1915, que intenta darnos una explicación de los fenómenos a gran escala del universo o si la enfrenta con la mecánica cuántica, basada en el principio de incertidumbre, y articulada en los años veinte por Heisenberg, Erwin

---

[1] Albert Einstein and Leopold Infeld, *The Evolution of Physics*, New York, ed. Simon and Schuster, 1.967, p.26.

[2] *Ibid.*, p.295.

Schrödinger y Paul Dirac, que intenta darnos una explicación a escala micro de los fenómenos físicos.

Einstein e Infeld se encuentran entre los historiadores que consideran que la física comenzó en el renacimiento. No obstante, al reconocer los historiadores contemporáneos que tanto la *Teoría de la Relatividad General* como la *Física Cuántica* constituyen una ruptura con la tradición Newtoniana, se preguntaron si no cabría la posibilidad de que la misma tradición Newtoniana no fuera el origen de la ciencia sino el resultado de una revolución en una tradición científica anterior, lo que algunos han denominado posteriormente el paradigma Aristotélico-Tolemaico.

Además, estas investigaciones han introducido una serie de matices y posiciones radicales muy interesantes que abarcan un espectro tan amplio como el que separa los planteamientos de Toulmin y Feyerabend. Algunos han intentado retrotraer la denominada Revolución Copernicana mucho más atrás, adentrándose en el período medieval. Otros, como Toulmin, intentan encontrar un modelo explicativo que permita describir tanto el proceso acumulativo como los cambios de teoría con los mismos instrumentos conceptuales, cuestionando el poder explicativo de conceptos como el de revolución científica. De otra parte, se encuentran los que como Popper resaltan el carácter crítico y revolucionario de la actividad científica.

Como dijimos antes, los fines pedagógicos de la educación científica tergiversan con frecuencia la historia de la ciencia, dándole una imagen de continuidad que no se corresponde con los hechos. Esto es comprensible en la medida que el objetivo buscado es que el educando domine en la brevedad posible el lenguaje de la ciencia, sus conceptos fundamentales, y no la historia de la ciencia. Se presenta la evolución conceptual de una forma que conduce lógicamente y de una manera expedita al concepto que se pretende introducir, eliminando las dificultades o perturbaciones que pudieron existir en su desarrollo real.

La idea de la continuidad acumulativa en la evolución del pensamiento científico ha llevado a ciertos historiadores tales como Herbert Butterfield a decirnos que es posible exagerar el papel de los precursores medievales de la ciencia moderna, y subestimar la magnitud de la revolución científica del siglo XVII .[3] Pero el trabajo de Duhem, entre otros, ha sido un factor importante en el cambio de actitud frente al pensamiento científico medieval. Uno de los puntos importantes es el estudio del progreso realizado a partir del mismo pensamiento medieval. El mundo moderno es en cierto sentido una continuación del medieval, no debe ser considerado sólo como una reacción frente a aquél. Como resultado de estas consideraciones algunos historiadores de la ciencia han cuestionado el concepto tradicional de Renacimiento, y han visto un desarrollo continuo del pensamiento occidental desde el siglo XII.

El siglo X representa un restablecimiento de la estabilidad, a partir de ahí la civilización occidental comienza a progresar a pasos agigantados. Esto se debe al cese de las invasiones de los pueblos provenientes del corazón de Asia. Una característica del período que llega a su culminación en el Renacimiento es la emergencia de la Europa occidental a una posición de independencia y de liderazgo intelectual consciente.

Un aspecto primordial del Renacimiento es el de que completa y lleva a su apogeo el largo proceso mediante el cual el pensamiento de la antigüedad estaba siendo recuperado y asimilado en la edad media. Incluso lleva a extremos el servilismo frente a la cultura Griega antigua. Las ideas pueden haber aparecido en nuevas combinaciones, como veremos en el capítulo o capítulos dedicados a la historia de las matemáticas, pero no se puede decir que nuevos ingredientes fueran introducidos en el Renacimiento en nuestra civilización. No hubo cambios intelectuales calculados para transformar el carácter y la estructura de nuestra sociedad. Incluso la secularización del pensamiento alcanzada en ciertos círculos no carecía de precedentes y fue más que compensada por la Reforma y Contrarreforma. No podemos dejar de sorprendernos frente al poder de la religión tanto en el pensamiento como en la política.

Un ejemplo de la combinación de ideas provenientes de la antigüedad clásica con las ideas cristianas características del Renacimiento, es la conjunción de la concepción Platónica de la estructura matemática del universo con el Dios creador bíblico. La noción de que el Dios cristiano

---

[3] Herbert Butterfield, *The Origins of Modern Science*, New York, ed. Macmillan, 1.965, p.27.

había creado el universo dándole una estructura matemática surgió como una consecuencia no problemática en pensadores que poseían una educación cristiana y que estudiaban una antigüedad clásica por la que sentían la más profunda admiración, de la misma manera que los pintores podían pasar de temas mitológicos a los bíblicos sin mayores dificultades.

Un modelo metodológico que resalta la continuidad en el cambio conceptual es aportado por Stephen Toulmin en su obra *Human Understanding*. Más adelante, después de estudiar los trabajos de Popper, Lakatos, Kuhn, entre otros, veremos cuán diferente es su posición. Por el momento, sólo haremos hincapié en su divergencia con Butterfield, ya que este último, acepta las revoluciones científicas a las cuales compara con un cambio de gorra a cachucha de pensamiento, y sólo alarga los períodos de continuidad histórica en los cuales existiría un proceso acumulativo de conocimiento. Pero al final, siempre se produce la revolución científica.

Toulmin pareciera implicar que es un problema de perspectiva dependiendo de cuán amplio o restringido sea el tiempo investigado veremos continuidad o salto. Si contraemos la escala temporal y nos acercamos a un estudio minucioso encontraremos que las supuestas revoluciones son el resultado de la ascensión de sucesivos escalones. Por supuesto, si comparamos directamente los modelos de Eudoxo o el de Aristóteles y Tolomeo con la síntesis Newtoniana, sin tomar en cuenta todas las investigaciones que mediaron entre unos y otros, obviamente nos encontraremos con una revolución en el pensamiento científico. De la misma manera que si confrontamos a Newton con Einstein y Hawking.

El primer paso para analizar el carácter de las disciplinas intelectuales es hacer explícitas la naturaleza y el origen de los criterios que las constituyen en cuanto tales. ¿Cuál es la prueba crucial de que una actividad intelectual tiene el carácter de una disciplina? ¿Cuáles son los indicios que deben mostrar cuándo aplicar el término y cuando no? [4]

Las teorías específicas, los conceptos, y los sistemas conceptuales son productos transitorios, cortes sincrónicos, de ciencias como totalidades desarrollándose históricamente la unidad y la continuidad de esas ciencias

---

[4] Stephen Toulmin, *Human Understanding*, London, ed. Oxford University Press, 1.972, p.146.

debe reflejar no sólo las relaciones formales internas de un corte transversal, sino también las relaciones sustantivas que abrazan la sucesión completa de las ideas en desarrollo. La pregunta operativa es: ¿qué hace a las últimas fases de una ciencia las herederas legítimas de las anteriores? El problema es descubrir cómo explicar la legitimidad de las relaciones de parentesco existentes entre las diferentes fases del desarrollo de una ciencia.

Para caracterizar una disciplina científica como la física atómica de una manera adecuada, debemos definirla en unos términos tales que dé cabida igualmente a las ideas vigentes entre los físicos atómicos en 1910, 1930 y 1950. Esta definición debe aportar unos criterios de unidad, coherencia y continuidad que nos permitan comprender cómo se relaciona la materia con sus precursoras en la física más amplia de los años noventa del siglo pasado, entender las profundas diferencias existentes en el campo si comparamos lo que se pensaba en 1910 con lo aceptado en 1930, y además, su relación con las subdisciplinas más especializadas en los años sesenta y setenta del presente siglo.

Lo que une a hombres como J.J. Thomson y Rutherford, Bohr y Schrödinger, Fermi y Lawrence como miembros de una profesión común es el compromiso compartido con las preocupaciones propias de la física atómica. El problema es, entonces, ¿cómo identificar estas preocupaciones propias de la física atómica que le confieren su carácter de disciplina y su continuidad? Si seguimos esta clave, debemos preguntarnos ahora ¿cuáles son los elementos de continuidad mostrados por las preocupaciones intelectuales de los físicos atómicos en el período de 1900 a 1950? Las terminologías, los modelos teóricos y las ecuaciones fundamentales sufrieron varios cambios drásticos durante este lapso de tiempo, la forma de tratar los conceptos como el de electrón o núcleo por parte de Heisenberg y Dirac, en los años treinta, era completamente diferente a la utilizada por Thomson y Rutherford treinta años antes. Por lo tanto, debemos buscar la continuidad de la física atómica en los problemas confrontados por sucesivas generaciones de físicos atómicos; y estos deben ser especificados no tanto en términos de una pregunta o conjunto de preguntas permanentes, como de una genealogía continua de problemas.

Los problemas en torno a los cuales concentran sus investigaciones las generaciones sucesivas de científicos forman una secuencia dialéctica; a pesar de todos los cambios en sus conceptos y técnicas, sus problemas están conectados en un árbol genealógico familiar continuo. Es esta genealogía de problemas la que subyace a todas las otras genealogías mediante las cuales se podría caracterizar el desarrollo de una ciencia. En la secuencia de teorías, la legitimidad de los modelos y conceptos posteriores se debe a que han resuelto problemas que no pudieron resolver los conceptos y modelos del pasado.

Debemos preguntarnos qué es lo que hace a un problema problemático, visto desde el punto de vista de una disciplina científica particular. La definición de una disciplina científica debe referirse no sólo al asunto del cual se ocupa, sino que debe incluir un estudio de las actitudes profesionales que guían las actividades disciplinarias. Los problemas de la ciencia nunca han estado determinados solamente por la naturaleza del mundo, provienen de un conflicto entre nuestras ideas acerca del mundo y la naturaleza o de diferencias entre las mismas ideas. Galileo y Descartes nos dicen que la tarea del científico consiste en descifrar el código secreto en el que está escrito el Libro de la Naturaleza, para de esta manera poder encontrar la verdadera estructura del mundo natural. No obstante, esto no es más que una aspiración o un ideal Platónico, un *desideratum*, no una descripción de la tarea que enfrenta la investigación científica, tal y como es realizada en la práctica. La función de la ciencia es mejorar paso a paso nuestras ideas referentes al mundo natural, mediante la identificación de áreas problemáticas en las que se pueda hacer algo para reducir la brecha existente entre la capacidad de los conceptos vigentes y nuestros ideales intelectuales.

Los cambios a gran escala en la ciencia no son el resultado de saltos repentinos, sino de la acumulación de pequeñas modificaciones, cada una de las cuales ha sido realizada de una manera selectiva en alguna situación problemática local e inmediata. Para entender el cambio conceptual en la ciencia debemos investigar las demandas particulares de cada situación y las ventajas que aportarían las diferentes novedades conceptuales. Estas demandas rara vez son simples y siempre son específicas. Por lo tanto, la sucesión de problemas que confronta una ciencia no refleja los dictados eternos de la lógica, sino los hechos históricos transitorios acerca de cada situación problemática distinta. Un método racional en la ciencia responde a la especificidad de cada situación intelectual; y la calidad del juicio de un científico se muestra en su sensibilidad frente a las diferencias en los requisitos de su problema y no en su compromiso con un método general.

La fuente de los problemas científicos es la delicada relación histórica entre las actividades de los científicos profesionales y el mundo de la naturaleza que ellos estudian. Los problemas surgen cuando nuestras ideas no se adecuan a la naturaleza o difieren entre sí, cuando las ideas vigentes no satisfacen nuestros ideales intelectuales. Esta manera de plantear la tarea científica trae a colación un elemento de la investigación científica que los tratados formales de lógica inductiva dejan de lado. Los problemas conceptuales en la ciencia no surgen de la comparación de proposiciones con observaciones, sino de ideas con la experiencia. Nuestras capacidades explicativas actuales deben ser juzgadas a la luz de las ambiciones e ideales intelectuales pertinentes y la naturaleza de los problemas científicos no puede ser propiamente definida sin la consideración de esos ideales.[5]

Un ejemplo de lo expuesto por Toulmin sobre la relación entre los modelos teóricos vigentes y las expectativas intelectuales, de la presión ejercida por los ideales intelectuales sobre los científicos, lo cual constituye un acicate fundamental para el avance de la ciencia, son las ideas de Stephen Hawking referentes a una teoría definitiva del universo o una teoría unificada completa. Hawking es consciente de que las teorías no pueden ser demostradas, pero considera que nos encontramos cerca de esa última teoría y nos dice que ya sabemos cuáles son las características que deberá tener. De las cuatro fuerzas existentes en el universo por lo menos se ha intentado unir tres de ellas en las denominadas teorías de Gran Unificación. La idea consiste en que a altos niveles de energía estas tres fuerzas no serían más que aspectos diferentes de una misma fuerza, este nivel energético es designado energía de gran unificación. No obstante, la cuarta fuerza, la fuerza de gravedad, que por su carácter aditivo es la que da forma al universo a gran escala, no ha sido incorporada todavía en estas teorías mal llamadas de gran unificación, precisamente por no contemplar la fuerza de gravedad.

La tensión entre los ideales científicos y las teorías actuales surge de que, en el presente, la física se encuentra dividida en dos importantes teorías parciales la teoría de la relatividad general y la mecánica cuántica. El intento de Hawking y sus colegas es producir una teoría completa que elimine esta escisión teórica de la física contemporánea. Es importante señalar que esto ya había sido propuesto por Einstein, pero en su momento no existían los

---

[5] *Ibid.*,pp. 150-151.

elementos teóricos y técnicos para un logro de esta naturaleza. Hawking considera que en el presente sí estamos en condiciones de hacerlo.

En capítulos posteriores estudiaremos con mayor detenimiento y profundidad estas novedosas y creativas ideas anunciadas por Stephen Hawking.

Más adelante confrontaremos las ideas de Toulmin sobre las cadenas problemáticas continuas o ininterrumpidas por saltos con la sucesión de conjeturas y refutaciones de Popper, con los paradigmas seguidos de la ciencia normal y de las revoluciones de Kuhn, y con las ideas de Lakatos y Feyerabend. Por ahora, baste con resaltar que la continuidad sin revoluciones percibida por Toulmin en el avance de la ciencia se debe a un cambio de perspectiva: a su estudiar la historia de la ciencia no desde el punto de vista del cambio de teorías o paradigmas o programas de investigación, sino investigar el estado en que se encuentra una ciencia en un momento determinado y confrontarlo con los ideales de los científicos contemporáneos sobre lo que debería ser la ciencia. Es esta confrontación entre lo normativo y lo positivo lo que motorizaría el avance de la ciencia. En la propuesta de Toulmin existe realmente un cambio de plano en la investigación del fenómeno ciencia. Este cambio se encuentra profundamente influenciado por las ideas del gran pensador austríaco Ludwig Wittgenstein. Conceptos como el de juegos lingüísticos, parecido de familia, herencia, entre otros, en el sentido acuñado por Wittgenstein, sobre todo en su obra posterior al *Tractatus*, como sus *Cuadernos de Anotaciones*, los *Cuadernos Azul y Marrón* y principalmente en sus *Investigaciones Filosóficas*, son fundamentales para la comprensión del planteamiento de Toulmin. No obstante, el estudio de esta filiación constituiría un trabajo por sí mismo. El problema definitivamente no es lógico sino de juegos lingüísticos, es el mejoramiento de la calidad de los juegos lingüísticos lo que produciría el avance de la ciencia. Si esto constituye un cambio problemático progresivo en el sentido de Lakatos, pero en el plano metodológico, es algo que merece ser estudiado. Estamos seguros que para la mayoría de los filósofos de la ciencia contemporáneos tanto las ideas de Wittgenstein como las derivaciones que de ellas hace Toulmin constituyen una herejía. Otro concepto que causó gran conmoción en este contexto fue el de ciencia normal introducido por Thomas Kuhn, con esta controversial idea daremos comienzo al capítulo siguiente.

Wassily Kandinsky *"On the points"*

CAPITULO II

Ciencia normal

En el contexto de las discusiones contemporáneas sobre los criterios de demarcación, el concepto más controversial ha sido el de ciencia normal propuesto por Thomas Kuhn. Para los no iniciados, la obra de Thomas Kuhn pareciera resaltar el carácter revolucionario del quehacer científico, esto pudiera derivarse del título de su obra más conocida *La Estructura de las Revoluciones Científicas*. No obstante, frente al modelo Popperiano de la lógica de la investigación científica, conformado por una cadena de conjeturas y refutaciones o falsaciones, el modelo de Kuhn es más bien conservador y destaca el carácter continuo y acumulativo de la actividad normal de investigación en las comunidades científicas. La investigación científica está regida durante largos períodos de tiempo por un paradigma o matriz disciplinaria que constituye una *weltanschauung* o marco referencial que articula toda la actividad de una comunidad de investigadores. La actitud individual de los científicos frente a esta matriz disciplinaria es fundamentalmente acrítica. Para Popper y sus seguidores, que en el momento de aparecer la obra de Kuhn constituían un importante sector en la comunidad epistemológica internacional, las afirmaciones de Kuhn no podían ser vistas sino como un auténtico sacrilegio. A partir de ahí, las acusaciones de sicologismo, sociologismo, irracionalismo, no han cesado de suscitarse.

Aristóteles fue el más importante cosmólogo de la antigüedad y Tolomeo el último de sus grandes astrónomos. Hasta la muerte de Copérnico los escritos de estos dos autores dominaron el pensamiento astronómico y cosmológico del mundo occidental. En los trece siglos que separan a Copérnico de Tolomeo no se produjeron grandes modificaciones en la concepción del universo, esto hizo pensar a muchos historiadores que no hubo investigación científica durante todos esos siglos. No obstante, hubo una intensa actividad científica sin la cual no se hubiera podido dar el fenómeno conocido como la Revolución Copernicana. La investigación realizada durante esos siglos fue la condición de posibilidad de dicha revolución.[1]

Aristóteles y sus comentaristas fueron siempre el punto de partida para la investigación escolástica, pero en la mayoría de los casos no fueron más que eso. La misma intensidad con que los textos Aristotélicos fueron estudiados garantizaba que las inconsistencias tanto en el plano doctrinal como en el de las pruebas fueran rápidamente detectadas, y estas inconsistencias se convirtieron con frecuencia en la base de logros creativos. Los escolásticos medievales extendieron la lógica aristotélica, descubrieron falacias en sus pruebas, y rechazaron muchas de sus explicaciones porque no se adecuaban a los dictados de la experiencia. En este proceso crearon un conjunto de conceptos y herramientas sin las cuales Copérnico y Galileo no hubieran podido realizar sus trabajos.

Copérnico y sus contemporáneos heredaron no sólo el *Almagesto* sino también las investigaciones de muchos astrónomos Islámicos y algunos europeos que habían criticado y modificado el sistema de Tolomeo. Copérnico se refiere a ellos como "los matemáticos". Uno había sumado o sustraído algunos círculos varios inventaron medios desconocidos por Tolomeo para dar cuenta de las desviaciones del sistema de epiciclos y deferentes; otros, con nuevas medidas, alteraron las velocidades del movimiento con que rotaba el sistema de los círculos. Surgieron así varios modelos que tenían como base el *Almagesto,* y por lo tanto, seguían siendo Tolemaicos.[2]

Es imprescindible para comprender el concepto de ciencia normal propuesto por Kuhn, la noción de continuidad y de un proceso acumulativo de conocimientos, la utilización de la idea de paradigma o matriz disciplinaria, también introducida por este pensador. Precisamente, lo que

------

[1] Thomas S. Kuhn, *The Copernican Revolution*, Massachusetts, ed. Harvard University Press, 1.979, p.100.

[2] *Ibid.*, p.140.

queremos destacar es el carácter paradigmático del *Almagesto* de Tolomeo que todavía para Copérnico seguía siendo la base de la investigación, a pesar de que va a encontrar fallas que le sugerirán sus novedosos planteamientos. Es importante subrayar que fue el estado de complejidad a que habían conducido el sistema de epiciclos y deferentes de Tolomeo los astrónomos medievales en su intento de predecir cada vez con mayor exactitud la posición de los astros, lo que indujo a Copérnico a transponer la tierra y el sol. Pero la búsqueda de la simplicidad explicativa como un objetivo teórico fundamental fue, a su vez, consecuencia del resurgimiento Neoplatónico de la simplicidad como criterio estético.

Tolomeo fue el primero que propuso un conjunto específico de círculos combinados que explicaban no sólo los movimientos del sol y de la luna, sino también las regularidades e irregularidades observables en los movimientos de los siete planetas conocidos. Su *Almagesto* recoge todos los grandes logros de la astronomía de la antigüedad y es el primer tratado matemático sistemático que da cuenta de todos los movimientos celestes en una forma completa, detallada y matemática. Sus resultados fueron tan positivos y sus métodos tan poderosos que el problema de los planetas adoptó una nueva configuración. Los sucesores de Tolomeo agregaron epiciclos a los epiciclos y excéntricas a las excéntricas, explotando toda la versatilidad de las técnicas aportadas por Tolomeo, para incrementar la precisión o la simplicidad de la teoría. Pero nunca buscaron o propusieron modificaciones fundamentales a las técnicas de Tolomeo. El problema de los planetas se convirtió en un problema de diseño, atacado principalmente mediante una redistribución de los elementos existentes. Los astrónomos comenzaron a buscar la combinación de epiciclos, deferentes, ecuantes y excéntricas que explicara los movimientos planetarios de una manera más simple y precisa.

La teoría Copernicana del movimiento es un esquema conceptual diseñado para trasponer la tierra con el sol sin destruir el universo Aristotélico.[3] El movimiento de la tierra es una anomalía en un universo Aristotélico clásico, pero el universo del *De Revolutionibus* es clásico en todos aquellos puntos que Copérnico puede hacer compatibles con el movimiento de la tierra. El movimiento del sol es transferido a la tierra. El sol no es una estrella sino el cuerpo central en torno al cual es construido el universo,

---

[3] *Ibid.*, p.154.

hereda las antiguas funciones de la tierra y algunas nuevas. El universo de Copérnico es finito, y esferas concéntricas mueven los planetas, aunque no pueden ser movidos por la última esfera porque ésta se encuentra en estado de reposo. Todos los movimientos son explicados por círculos combinados. La denominada Revolución Copernicana es difícil de encontrar en el *De Revolutionibus.*

La estructura formal de los conceptos utilizados por Kuhn en su estudio de la Revolución Copernicana se encuentra articulada en su obra más difundida: *La Estructura de las Revoluciones Científicas.*

Los paradigmas son "realizaciones científicas universalmente reconocidas que, durante cierto tiempo, proporcionan modelos de problemas y soluciones a una comunidad científica".[4]

Es claro por lo que hemos venido diciendo hasta ahora que el *Almagesto* de Tolomeo conjuntamente con la astrofísica Aristotélica se adecúan perfectamente a esta descripción del concepto de paradigma.

La investigación efectiva apenas comienza antes de que una comunidad científica crea haber encontrado respuestas firmes a preguntas como las siguientes: ¿Cuáles son las entidades fundamentales de que se compone el universo? ¿Cómo se compone el universo? ¿Cómo interactúan esas entidades, unas con otras y con los sentidos? ¿Qué preguntas pueden plantearse legítimamente sobre esas entidades y que técnicas pueden emplearse para buscar soluciones? Al menos en las ciencias maduras, las respuestas a preguntas como ésas se encuentran enclavadas firmemente en la iniciación educativa que prepara y da licencia a los estudiantes para la práctica profesional. Debido a que esta influencia es tanto rigurosa como rígida, esas respuestas llegan a ejercer una autoridad profunda sobre la mentalidad científica. El que puedan hacerlo, justifica en gran parte la eficiencia peculiar de la actividad investigadora normal y la dirección que siga en cualquier momento dado.

La ciencia normal es una investigación caracterizada por una tentativa tenaz y ferviente de obligar a la naturaleza a entrar en las estructuras

---

[4] Thomas S. Kuhn, *La Estructura de las Revoluciones Científicas,* México, ed. Fondo de Cultura Económica, 1.975, p.13.

conceptuales proporcionadas por la educación profesional. Al mismo tiempo, cabría preguntarse si la investigación podría llevarse a cabo sin esas estructuras, independientemente de lo arbitrario de sus orígenes, e incluso de su posterior desarrollo. La ciencia normal es la actividad en la que la mayoría de los científicos consume la casi totalidad de su tiempo. Su práctica presupone que los científicos saben cómo es el mundo. El éxito de la empresa es una consecuencia de que la comunidad está dispuesta a defender esa suposición.[5]

Ciencia normal significa "investigación basada firmemente en una o más realizaciones científicas pasadas, realizaciones que alguna comunidad científica particular reconoce, durante cierto tiempo, como fundamento para su práctica posterior".[6]

La educación científica contemporánea presenta esas realizaciones científicas del pasado en los libros de texto, pero reestructuradas para que cumplan con los fines pedagógicos de hacer accesibles al estudiante unos conocimientos que de ser presentados en su forma original serían demasiado complejos. Esos libros de texto explican las teorías aceptadas, ilustrando muchas de sus aplicaciones.

En el pasado, muchos de los libros clásicos de la historia de la ciencia desempeñaron una función similar. La *Física* de Aristóteles, el *Almagesto* de Tolomeo, los *Principios* de Newton, la *Electricidad* de Franklin y la *Química* de Lavosier, sirvieron para definir los problemas y métodos legítimos de un campo de investigación. Compartían dos características esenciales: su logro carecía de precedentes como para atraer a un grupo duradero de partidarios y eran lo bastante incompletos para dejar muchos problemas para ser resueltos por el redelimitado grupo de científicos.

Kuhn denomina a las realizaciones que comparten esas dos características paradigmas. Algunos ejemplos de la práctica científica real proporcionan modelos de los que surgen tradiciones coherentes de investigación científica. Los hombres cuya investigación se basa en paradigmas compartidos están sujetos a las mismas reglas y normas. Este

---

[5] *Ibid.*,p.25.

[6] *Ibid.*, p.33.

compromiso es un requisito previo para la ciencia normal, para la generación y continuidad de una tradición científica. [7]

Los paradigmas obtienen su *status* como tales, debido a que tienen más éxito que sus competidores para resolver problemas que la comunidad científica considera fundamentales. El éxito de un paradigma es al comienzo una promesa en cuanto a su capacidad para resolver problemas y la ciencia normal consiste en la realización de esa promesa. Los científicos se dedicarán a ampliar el conocimiento de aquellos hechos seleccionados por el paradigma como importantes, aumentando la extensión del acoplamiento entre esos hechos y las predicciones del paradigma y por medio de la articulación ulterior del paradigma mismo. En la articulación del paradigma, las operaciones de limpieza juegan un papel fundamental. Consisten en el mejoramiento de la estructura lógica del paradigma y en la articulación de esa estructura lógica con los hechos o situaciones que configuran las predicciones contrastables del mismo paradigma. Estas operaciones de limpieza constituyen el trabajo de la mayoría de los científicos durante todas sus carreras. [8]

La investigación científica normal es acumulativa y su triunfo dependerá de la capacidad que tengan los científicos para seleccionar problemas susceptibles de ser resueltos con técnicas conceptuales e instrumentales similares o cercanas a las propuestas por el paradigma vigente. La ciencia normal es una empresa que tiene como objetivo refinar, ampliar y articular un paradigma aceptado. La práctica de la ciencia normal depende de la capacidad, adquirida a través de los ejemplos propuestos en los libros de texto, de agrupar objetos y situaciones en conjuntos similares que son primitivos en el sentido de que el agrupamiento se hace sin plantearse la pregunta: ¿Similar con respecto a qué? Si estudiamos con detenimiento la investigación científica normal, tanto si lo hacemos desde un punto de vista histórico como en los laboratorios actuales, nos encontramos con el intento

---

[7] *Ibid.*, p. 34.

[8] *Ibid.*, p. 52.

42

de obligar a la naturaleza a que encaje dentro de una estructura considerada como ontológica y válida *a priori*, y que es aportada por el paradigma .[9]

Probablemente el tipo de genio más raro y profundo en la ciencia física es el mostrado por hombres que como Newton, Lavosier o Einstein, enuncian una nueva teoría que aporta un orden potencial a un vasto número de fenómenos naturales. Reformulaciones radicales de esta clase son extremadamente raras, debido a que la investigación científica rara vez presenta la ocasión para ellas. Además, éstos no son los únicos eventos verdaderamente esenciales y creativos en la evolución de la ciencia. El nuevo orden provisto por una teoría revolucionaria en las ciencias naturales es siempre un orden potencial. Mucho trabajo y habilidad conjuntamente con el genio ocasional son necesarios para hacerlo actual. Sólo a través del proceso de actualización se pueden descubrir ocasiones para nuevas reformulaciones teóricas. La mayor parte de la práctica científica está constituida por complejas y agotadoras operaciones de limpieza que consolidan la estructura teórica proporcionada por la revolución científica más reciente y preparan el camino para la próxima revolución.[10]

La flexibilidad mental característica de un pensamiento divergente no es suficiente como descripción de la diferencia específica que definiría la capacidad creativa fundamental del científico. Las revoluciones científicas no son sino uno de los dos aspectos que generan el avance de la ciencia. Casi ninguna de las investigaciones asumidas incluso por los científicos más destacados tienen como objetivo una revolución, y muy pocas tienen ese efecto. *Per contra*, la investigación normal, nos referimos también a la producción científica de más alto nivel, es una actividad principalmente convergente con una base firme en un consenso establecido, adquirido a través de la educación científica y reforzada por la vida profesional. Los cambios revolucionarios en una tradición científica son relativamente escasos, y largos períodos de investigación convergente son un necesario prerrequisito. Esto genera una tensión esencial implícita en la investigación científica. Para realizar su trabajo el científico debe asumir un conjunto

---

[9] *Ibid.*, p. 305.

[10] Thomas S. Kuhn, *The Essential Tension*, Chicago, ed. The University of Chicago Press, 1.977, p. 188.

complejo de compromisos intelectuales y prácticos, pero su aspiración a la fama puede estar cifrada en su habilidad para abandonar esta red de compromisos en favor de otra de su propia cosecha. El científico triunfador debe combinar las características del tradicionalista y del iconoclasta. Un riguroso entrenamiento en pensamiento convergente ha sido intrínseco a las ciencias desde su origen. No hubieran podido alcanzar su actual desarrollo y *status* sin una formación de esta naturaleza.[11]

Es fácil imaginar el impacto ocasionado por la descripción Kuhniana de la actividad normal de los investigadores científicos en una comunidad de filósofos de la ciencia acostumbrados a pensar en el científico como el arquetipo de la racionalidad, objetividad, creatividad y honestidad intelectual, como un ser eminentemente crítico. Una especie de caballero andante intelectual, que armado con el instrumental lógico sale a luchar contra posibles contradicciones, falacias o incoherencias, escondidas en los trabajos de los investigadores que le precedieron y decidido a inventar nuevas y atrevidas teorías.

Esta imagen romántica del científico es muy parecida a la del artista que muere de inanición por la incomprensión de sus contemporáneos, aunque en el caso de los científicos esto sería mucho más difícil de conseguir. Con excepciones como la de Semmelweis, que no murió precisamente de hambre. Pero si contrastamos esta imagen con la historia efectiva de la ciencia descubrimos que es muy difícil de defender. Nos encontramos más bien con una increíble tenacidad de las ideas para mantenerse en el tiempo. En el pasado, antes de los cambios introducidos en la física por científicos como Einstein y Heisenberg, y frente al arrollador triunfo de la síntesis Newtoniana, era fácil pensar que la ciencia moderna tenía su origen en Copérnico, Kepler, Galileo y Newton. Los historiadores consideraban las obras de estos autores como los pilares fundamentales sobre los cuales se estructuró la ciencia moderna. Una característica esencial de esta narrativa histórica era calificar como prejuicios oscurantistas las ideas, métodos y teorías aportadas por los pensadores medievales. Precisamente, uno de los méritos principales de los autores antes mencionado habría sido el acabar con estos prejuicios.

---

[11] *Ibid.*,pp.228 y ss.

Con la aparición de la *Teoría de la Relatividad General* y la *Física Cuántica*, el panorama cambió completamente. Si el agotamiento de la investigación sobre las bases Newtonianas había producido estas dos importantes teorías parciales que pasaron a dominar la escena científica, era posible pensar que algo similar podía haber ocurrido con las ideas anteriores a la comúnmente denominada Revolución Copernicana. Esta nueva investigación historiográfica condujo a la realización de que ideas anteriormente rechazadas como meras supersticiones medievales, habían sido en muchos casos elementos cruciales en un sistema científico anterior altamente satisfactorio o triunfante.

En cuanto a la educación que hace posible una ciencia normal como la descrita por Kuhn, el problema es todavía más grave. La educación liberal pretende que el estudiante en su formación escolar adquiera el hábito del pensar crítico que lo constituirá en un buen ciudadano, y el prototipo de esta forma de pensamiento es precisamente la ciencia. Cualquiera que haya investigado el proceso educativo no sólo en los países subdesarrollados sino también en los más avanzados, sabe perfectamente que esto no es más que un mito, por decir lo menos. No obstante, los críticos de Kuhn a pesar de aceptar que tanto la ciencia normal como la educación convergente descrita en sus trabajos existen, consideran que son males que hay que corregir. En otras palabras, la ciencia normal sería mala ciencia y la educación convergente, mala educación.

En la base de este tipo de críticas se encuentra un prejuicio cardinal. El considerar que el único avance verdaderamente creativo es el que presupone un rompimiento de las reglas vigentes de la actividad en cuestión y que no es posible un progreso creativo dentro de unas reglas establecidas. Para comprender el problema de la posibilidad de creación tanto dentro como fuera de un conjunto de reglas traemos a colación una serie de ejemplos provenientes de diferentes actividades humanas. El ajedrez es un juego cuyas reglas básicas son muy sencillas y pueden ser aprendidas en un breve lapso de tiempo por infantes en su más tierna edad. No obstante, la profunda complejidad estratégica y táctica que involucra este juego es de todos conocida, y los niveles de concentración y la capacidad creativa necesarias para jugarlo a un nivel competitivo han ocasionado que se le designe como el juego ciencia. Sus reglas, por otra parte, han permanecido inmutables a lo largo del tiempo, y a nadie se le ocurre pensar que los premios de creatividad o belleza otorgados por las novedosas jugadas inventadas por los grandes ajedrecistas son el resultado de que hayan movido las piezas en una forma diferente a la establecida explícitamente por dichas reglas. Es precisamente la rigidez de estas últimas lo que hace tan difícil la creación de nuevas estrategias y tácticas que permitan sorprender al contrario y darle el mate. Juegos como el ajedrez, sometidos a reglas inamovibles, son llamados juegos cerrados.

También en el campo del arte, durante ciertos períodos, podemos encontrar ejemplos significativos de creación dentro de las reglas como en el caso de lo que podríamos designar el programa de investigación de Brunelleschi. El problema central en torno al cual giraría la pintura durante este lapso de tiempo sería el de trasponer a la bidimensionalidad del plano del lienzo nuestra percepción tridimensional del espacio. El programa ya tenía antecedentes en la obra de Giotto y fue iniciado por Massaccio quien utilizó en sus pinturas las leyes de la perspectiva, cuyo descubrimiento es atribuido a Brunelleschi. La perspectiva estudia las leyes matemáticas por las cuales los objetos disminuyen de tamaño a medida que retroceden hacia el fondo. Este problema, el de crear la ilusión de la tridimensionalidad, es analizado por casi todos los pintores Renacentistas y alcanza un desarrollo cercano a la perfección en la obra de Diego Velázquez, particularmente en Las Meninas, donde en el mismo plano del lienzo encontramos tanto imágenes directas como los reflejos especulares del espacio que nos describe el pintor con su paleta. Es comprensible que después de un trabajo como éste los pintores posteriores hayan buscado otros caminos para su arte, en la medida en que se iba agotando este programa de investigación. Si aceptamos lo anterior, podemos entender con mayor facilidad los cambios problemáticos introducidos por Francisco de Goya, los impresionistas, Paul Cézanne, y luego el surgimiento de la abstracción geométrica con pintores como Malevich y Mondrian.

A diferencia de los juegos cerrados, caracterizados por la inamovilidad de las reglas, los juegos abiertos son aquellos en los cuales nos encontramos con cambios en las normas o leyes que, durante cierto tiempo, los rigen. La pintura sería un claro ejemplo de este tipo de juego. No obstante, es importante darse cuenta de que en un juego abierto como la pintura hay ciertos lapsos en los cuales funciona como un juego cerrado. Uno de los objetivos de este trabajo es tratar de dilucidar qué tipo de juego es la ciencia.

En el siguiente capítulo estudiaremos algo de la historia de un juego cuasi cerrado que es el de las matemáticas. En él veremos cómo el modelo Euclideo ha permanecido en el tiempo, incluso a través de sucesos cataclísmicos como la Revolución Copernicana.

Wassily Kandinsky *"Merry Structure"*

CAPITULO III

La continuidad en las matemáticas

Al plantearnos el problema de la relación teoría-realidad, lo primero que debemos preguntar es por los instrumentos con los cuales cuenta el hombre para intentar resolverlo. Es fácil percatarse de que el instrumento fundamental con que cuenta el hombre para conocer tanto el mundo exterior como su realidad interior es el lenguaje. Dentro del conjunto formado por los diferentes tipos de lenguajes, gestual, pictórico, musical, entre otros, que ha creado el hombre a lo largo de la historia, uno de ellos, el lenguaje verbalmente articulado, ha sido privilegiado como instrumento de conocimiento. A su vez, este lenguaje articulado mediante palabras ha sufrido una serie de transformaciones a lo largo del tiempo. Wittgenstein compara la estructura actual de lenguaje con esas ciudades europeas de vieja data que todavía conservan en el centro de su casco urbano las construcciones y avenidas originales. El centro medieval de estas ciudades está constituido por angostas y curvilíneas calles colocadas en forma poco ordenada, al igual que las edificaciones que sobre ellas se encuentran. Contrastando con esta imagen, nos encontraríamos con los suburbios modernamente construidos, con sus calles geométricamente trazadas y sus edificaciones al estilo Bauhaus donde la relación función - forma es la característica imperante.

Esta imagen podría ser interpretada como una metáfora del lenguaje. El lenguaje natural, la lengua materna en la cual comenzamos nuestros escarceos lingüísticos, estaría representado por el cuasi caos del centro urbano medieval. Las reglas gramaticales en el lenguaje natural, cuando existen, están plagadas de excepciones. El significado mismo de las palabras, su denotación, no tiene límites precisos. Una palabra como "silla" puede denotar un sinnúmero de diferentes objetos. Esto no es un pecado, una insuficiencia del lenguaje natural, como algunos han pretendido. Todo lo contrario, ésta no definición estricta del significado de las palabras y la laxa aplicación de las llamadas reglas gramaticales, le permiten una enorme flexibilidad y eficiencia al lenguaje natural. Contrastando con este lenguaje natural, encontraríamos otro tipo de lenguaje en el cual tanto el significado de las palabras o símbolos como las reglas que lo rigen son explícita y estrictamente articuladas. El punto P, de coordenadas X, Y, Z, denota un punto y sólo un punto en el espacio euclideo tridimensional, una vez que se ha establecido un origen del sistema de coordenadas cartesianas. En nuestra metáfora urbana esta forma lingüística estaría representada por la ordenada estructura de los modernos suburbios de nuestras ciudades.

A este nivel de la lectura el lector se habrá dado cuenta de que nos estamos refiriendo al lenguaje científico con sus derivaciones tecnológicas, y particularmente, al lenguaje matemático. El lenguaje matemático se hace sistemático y deductivamente estructurado, por lo menos en lo que se refiere a la geometría, para el siglo III antes de Cristo como se puede ver claramente en los *Elementos* de Euclides. Las matemáticas son el lenguaje básico sobre el cual se articula el discurso en el campo de las ciencias naturales, pero también son utilizadas cada vez con más frecuencia e intensidad en investigaciones sobre fenómenos sociales. Esto puede verificarse en las sucesivas transformaciones del pensum de la Escuela de Economía de la U.C.V. Basta con comparar el número de matemáticas explícitas que el estudiante actual se ve obligado a cursar, con el número exigido en pensum anteriores. Sin contar el número de materias que, como la microeconomía o la econometría, para sólo mencionar dos ejemplos, se encuentran altamente matematizadas.

En sus orígenes las matemáticas estuvieron íntimamente ligadas a su aplicación práctica. Es fácil constatar que la mayoría de los investigadores que aportaron elementos fundamentales al desarrollo del lenguaje matemático estaban interesados en explicar el mundo que los rodeaba. Al plantearse el problema de describir el mundo circundante surge inmediatamente la necesidad de justificar la posibilidad de aplicar el lenguaje matemático en la explicación de los fenómenos naturales. ¿Qué relación existe entre el lenguaje matemático y la naturaleza de la cual formamos parte? ¿Existe algún isomorfismo entre las proposiciones matemáticas y la estructura de los fenómenos naturales que pretenden describir? Se puede comprobar que desde los comienzos de la reflexión matemática sobre la naturaleza este isomorfismo estructural entre la estructura característica del lenguaje matemático y la estructura de la naturaleza, estaba presupuesto. Cabe destacar en este punto la posición de Platón y sus seguidores, según la cual el lenguaje matemático describiría un mundo ideal situado en el *topos hiper uranus*, y no este mundo en el cual nos desenvolvemos. Esta posición es importante porque permitió un desarrollo significativo de la estructura lógica de las matemáticas, pero trajo como consecuencia una pérdida de interés en las aplicaciones prácticas del lenguaje matemático.

Por el contrario, en el período helenístico a diferencia del período clásico, se reafirma el interés por el estudio del mundo exterior y consiguientemente, por las aplicaciones de las matemáticas a la explicación de los fenómenos naturales. Esto es llevado a cabo sin que signifique una disminución de la coherencia lógica, sobre todo en lo que a la geometría se refiere. No obstante, cabe destacar que el carácter sistemático y deductivamente organizado característico de la geometría no se da en otros campos como la aritmética y el álgebra. Esto constituye uno de los fenómenos más interesantes de la historia de las matemáticas. ¿Cómo es posible que el paradigma de racionalidad, tal y como se presenta hoy en día, y también en el pasado, se haya desarrollado en forma asimétrica? Por un lado tendríamos la geometría que, como dijimos antes, se encontraba sistematizada, deductivamente articulada y lógicamente demostrada en el siglo III antes de Cristo. De otra parte, la aritmética y el álgebra presentarían un desarrollo ilógico, donde ni siquiera la idea de número estaba fundamentada lógicamente. Pareciera que, contrariamente a lo sucedido con la geometría, donde su aplicación y desarrollo lógico fueron de la mano, en la aritmética y el álgebra se utilizaron los números negativos, los irracionales, e incluso los imaginarios sin tener claro lo que era un número, ni siquiera los enteros positivos. Podemos constatar que para la época de la invención del cálculo, siglo XVII y XVIII, uno de los instrumentos más sofisticados del análisis matemático, la idea de número no estaba lógicamente sustentada. A diferencia de lo que piensan en la actualidad la mayoría de los filósofos de la ciencia, primero se da una amplia y libre investigación, sin detenerse demasiado en pruritos lógicos, y luego es que vendría la limpieza del campo investigado, con una cuidadosa y sistemática fundamentación lógica, deductivamente articulada y formalizada.

Habiendo hablado del cálculo, es importante señalar que además de adolecer de las carencias antes señaladas en relación con el concepto de número, encontramos otra serie de problemas que tienen que ver con la vaguedad de los conceptos. Algunos historiadores contemporáneos han dicho de uno de sus primeros exponentes Juan Bautista Cavalieri, que si hubiera un premio para la oscuridad en el lenguaje, este autor se lo ganaría sin lugar a dudas. Fermat después de suponer que su h tiene un valor, para poder hacer la simplificaciones pertinentes, dividiendo tanto el numerador como el denominador por esa cantidad, le da el valor 0 a h para obtener el valor de la derivada. Tanto Newton como Leibniz, los dos gigantes del cálculo, tenían serias dificultades cuando intentaban explicar sus conceptos básicos. Newton se ve obligado a darles una interpretación física para poder visualizarlos. Mientras que, por su parte, Leibniz estuvo tratando de aclarar su noción de infinitésimo hasta el fin de sus días, sin encontrar una formalización satisfactoria, como nos lo indican las muchas páginas que dedicó al tema.

Si bien es verdad que la estructuración lógica de los razonamientos aparece en la mitología griega, la aplicación de la razón a la naturaleza y la desaparición del mito en esta explicación es un fenómeno posterior. Fueron los filósofos Jonios del siglo VI a.C. los que hicieron los primeros intentos de encontrar una explicación racional del universo.

Además de sus logros en otros campos, como la ética, la política y el arte, los griegos del período clásico aportaron el reto de tratar de aprehender las leyes de la naturaleza. Los intelectuales griegos adoptaron una actitud totalmente nueva frente a la naturaleza. Esta actitud era racional, crítica y secular. La naturaleza es ordenada y funciona invariablemente de acuerdo a un plan o diseño. La naturaleza está racionalmente diseñada y este diseño puede ser aprehendido por la mente humana. El avance fundamental en este camino emprendido por los griegos del período clásico fue la aplicación de las matemáticas. El universo está matemáticamente diseñado y a través de las matemáticas podemos llegar a descubrir ese diseño. Los Pitagóricos se percataron de que los fenómenos más diversos desde el punto de vista cualitativo, presentaban propiedades matemáticas idénticas. Esto los llevo a la conclusión de que las propiedades matemáticas eran la esencia de estos fenómenos. Los Pitagóricos plantearon que esta esencia se encontraba en los números y en las relaciones numéricas. Los números eran el primer principio en su explicación de la naturaleza. Los números eran la materia y la forma del universo. Para ellos los números eran puntos o partículas, no abstracciones como para nosotros hoy día. Lo más importante para el presente trabajo es resaltar que los pitagóricos intentaron construir una teoría astronómica basadas en relaciones numéricas. Los pitagóricos propusieron dos importantes doctrinas para la historia posterior:

1) La naturaleza está construida de acuerdo con principios matemáticos.

2) Las relaciones numéricas subyacen, unifican y revelan el orden en la naturaleza.[1]

Los atomistas también afirmaron que la realidad subyacente a la constantemente cambiante diversidad del mundo físico se podía expresar matemáticamente; sostuvieron que los sucesos de este mundo estaban estrictamente determinados por leyes matemáticas.

Platón, por su parte, afirmó que la realidad del mundo físico sólo podía ser comprendida a través de las matemáticas del mundo ideal. No cabe ninguna duda de que este mundo está matemáticamente estructurado. De ahí su famoso *dictum*, "Dios geometriza eternamente". Mientras que para los pitagóricos los números eran inmanentes en las cosas, para Platón los números las trascienden. Platón fue más lejos que los pitagóricos, no sólo quería entender la naturaleza a través de las matemáticas sino sustituir la naturaleza por las matemáticas. Pensó que unas pocas observaciones penetrantes del mundo físico sugerirían verdades básicas a partir de las cuales podríamos continuar nuestra investigación sólo con la ayuda de la razón, desde ese punto en adelante las matemáticas sustituirían la investigación física. Aristóteles, *per contra*, era un físico. Las matemáticas ayudan en el estudio de la naturaleza, pero los conceptos matemáticos son abstracciones del mundo real, son aplicables al mundo porque de él son abstracciones.[2]

Hacia el final del período clásico la doctrina del diseño matemático de la naturaleza estaba establecida y se había institucionalizado la búsqueda de las

---

[1] Morris Kline, *Mathematics. The Loss of Certainty*, New York, ed. Oxford University Press, 1.980, pp. 11-12.

[2] *Ibid.*, pp. 16-17.

leyes matemáticas. De todos los triunfos del pensamiento especulativo griego, el más novedoso fue su concepción del cosmos operando de acuerdo con leyes matemáticas susceptibles de ser descubiertas por la mente humana. Los griegos también hicieron un aporte fundamental en el terreno estrictamente metodológico. Una vez planteado el problema de la búsqueda de la verdad surge inmediatamente el problema de la certeza. Cómo garantizar la verdad, cuáles son los criterios que determinan que una proposición o un razonamiento sean verdaderos. La matemática anterior a la griega carecía de metodología, era simplemente una herramienta utilizada para fines prácticos. Estaba constituida por una serie de reglas simples e inconexas.

Los griegos fueron explícitos al afirmar que las matemáticas trabajan con abstracciones. Se comienza con conceptos abstractos tales como punto, línea y número entero. Otros conceptos como triángulo, cuadrado y círculo son definidos en términos de los conceptos básicos, los cuales como indicó Aristóteles no pueden ser definidos porque careceríamos de punto de partida cayendo en una regresión infinita. Se debe mostrar que los conceptos definidos tienen su contraparte en la realidad, mediante demostración o construcción. De los muchos tipos de razonamiento sólo uno garantiza conclusiones correctas: el razonamiento deductivo. Entre las leyes del razonamiento deductivo Aristóteles incluyó la ley de la no contradicción y la ley del *tercio excluso*. Estos principios de lógica deductiva al ser aplicados a cualquier premisa permiten obtener conclusiones tan confiables como las premisas. Por lo tanto, si las premisas son verdaderas, también lo serán las conclusiones. Aristóteles abstrajo los principios de la lógica deductiva de los razonamientos utilizados por los matemáticos, la lógica deductiva es entonces la hija de las matemáticas. Los matemáticos griegos, en su mayoría filósofos, insistieron en el uso exclusivo del razonamiento deductivo porque éste nos lleva a la obtención de verdades eternas.[3]

La obra de Euclides es un recuento sistemático y deductivo de los descubrimientos de muchos griegos del período clásico. En su libro fundamental, los *Elementos*, ofrece las leyes del espacio y de las figuras en el espacio. Este trabajo, conjuntamente con los aportes de otros investigadores del período Helenístico o Alejandrino como Apolonio, Arquímedes e Hiparco, hace que las matemáticas abandonen su carácter fragmentario,

---

[3] *Ibid.* , pp. 19-20.

oscuro y empírico y adquieran un estilo sistemático, profundo y brillante. No obstante, estas investigaciones no   parecen tener ninguna relación con el conocimiento de la naturaleza. Los clásicos nos dan sólo la forma deductiva y pulida de las matemáticas. En lo que se refiere a este punto los textos griegos de esta era no se diferencian de los libros de texto modernos. Los manuales actuales buscan y organizan los resultados matemáticos obtenidos, independientemente de las motivaciones que originaron la investigación, las claves que sugirieron los teoremas y las aplicaciones de este conocimiento matemático. Todo esto es omitido en los modernos libros de texto, al igual que en las obras de los autores del período Helenístico. Lo cual ha llevado a que algunos historiadores consideren que las matemáticas de esta época se hacían con fines puramente matemáticos, pero este no es el caso, el objetivo real era la investigación de la naturaleza.

Los filósofos griegos pensaban que los principios geométricos se encontraban incorporados en la estructura del universo, del cual el espacio era el componente primordial. De ahí que el estudio del espacio era una contribución esencial a la investigación de la naturaleza. La geometría formaba parte de la consideración más amplia de la cosmología. La investigación científica debe haber sugerido los problemas matemáticos y las matemáticas eran parte integrante de la investigación de la naturaleza. Esto no es una mera especulación, basta con examinar los logros alcanzados por los griegos en el estudio de la naturaleza y constatar quiénes fueron los realizadores de estos descubrimientos.[4]

Platón conocía el impresionante número de observaciones astronómicas realizadas por los Babilonios y Egipcios, pero cuestionaba el que no tuvieran una teoría que las sustentara o unificara. También resaltó el hecho de que no explicaban los movimientos aparentemente irregulares de los planetas. Eudoxo, quien era un estudiante de la Academia, asumió el problema de salvar las apariencias. Su respuesta es la primera teoría astronómica razonablemente completa de la historia. El modelo propuesto por Eudoxo es una teoría matemática acabada, propone el movimiento de esferas que interactúan. Estas esferas son construcciones matemáticas, no explica el cómo actúan las fuerzas que hacen mover las esferas. Su teoría es

_____

[4] *Ibid.*, p.24.

profundamente moderna en espíritu, en la medida en que la descripción matemática y no la explicación física es el objetivo.

Desde el punto de vista de la búsqueda de verdades, es importante resaltar que Tolomeo en su *Almagesto,* al igual que Eudoxo, estaba absolutamente consciente de que su teoría era una descripción matemática convencional que se ajustaba a las observaciones, y no era necesariamente el verdadero diseño de la naturaleza. La teoría de Tolomeo ofrece la primera evidencia razonablemente completa de la uniformidad e invariabilidad de la naturaleza, y es la respuesta final de los griegos al problema planteado por Platón de la racionalización de los movimientos operantes de los cuerpos celestes.[5]

Lo importante de todos estos trabajos es que las matemáticas ocupan una posición fundamental y por lo tanto, contribuyeron a la convicción de que eran básicas para la comprensión del diseño de la naturaleza.

Las investigaciones del período Alejandrino son profundamente matemáticas no sólo en contenido sino en organización. Las definiciones, axiomas y teoremas dominan como en los *Elementos* de Euclides. No obstante, además de utilizar el modelo deductivo de las matemáticas y de representar las leyes de la naturaleza matemáticamente, los griegos del periodo Helenístico recurrieron a la experimentación y a la observación como elementos fundamentales del proceso investigativo. Esto no sucedió en el periodo clásico, en lo que a la física se refiere.

Con su trabajo matemático y sus investigaciones científicas, los griegos aportaron una evidencia sustancial a la idea de que el universo está diseñado matemáticamente. La matemática es inmanente a la naturaleza, es la verdad acerca de la estructura de la naturaleza, la realidad del mundo físico, como nos dice Platón. La ley y el orden existen en el universo y las matemáticas son la clave para encontrar ese orden. La razón humana puede descifrar el plan y revelar la estructura matemática. El ímpetu fundamental para la creación de un modelo lógico matemático de aproximación a la naturaleza debe ser acreditado a los *Elementos* de Euclides. A través de esta obra la idea de una organización lógica de todo el conocimiento físico basada en las matemáticas penetró en el mundo intelectual. Los griegos fundaron la

[5] *Ibid.,* p.26.

alianza entre las matemáticas y el estudio del diseño de la naturaleza, que luego se convirtió en la base de la ciencia moderna. Hasta finales del siglo XIX, la búsqueda del diseño matemático era la búsqueda de la verdad. La creencia de que las leyes matemáticas eran la verdad acerca de la naturaleza atrajo las mentes más profundas al estudio de las matemáticas.[6]

Entre el gran número de tópicos estudiados por las ciencias físicas en el presente sólo un número muy reducido fue asumido como foco de atención de la actividad de los especialistas en la antigüedad. La astronomía es la más antigua y la que logró un mayor desarrollo durante el período Helenístico la investigación en ese campo alcanzó un nivel sin precedentes y se le agregaron la óptica geométrica y la estática, incluyendo la hidroestática. Estas tres materias: astronomía, estática y óptica, son las únicas de la ciencia física en la antigüedad que llegaron a convertirse en objetos de tradiciones de investigación caracterizadas por vocabularios y técnicas inaccesibles para los legos y en cuerpos de literatura dirigidos exclusivamente a los practicantes. Incluso hoy, la obra de Arquímedes sobre *Los Cuerpos Flotantes* y el *Almagesto* de Tolomeo sólo pueden ser leídas por personas con profundos conocimientos técnicos. El ser restringidos para los especialistas no garantizaba el progreso científico, pero estos tres campos avanzaron de una manera que requería el conocimiento y las técnicas esotéricas responsables por su aislamiento. Si la acumulación de soluciones permanentes de problemas concretos es una medida del progreso científico, estos campos fueron los únicos de los que llegarían a formar parte de las ciencias físicas en los cuales se realizó un progreso inequívoco durante la antigüedad. No obstante, ellas no fueron estudiadas en forma independiente sino conjuntamente con las matemáticas y la armonía. Las matemáticas eran todavía más antiguas y más desarrolladas que la astronomía. Dominada desde el siglo V a.C. por la geometría, era concebida como la ciencia de las cantidades físicas reales y determinó el carácter de las otras cuatro agrupadas en torno a ella. La astronomía y la armonía estudiaban posiciones y razones y eran literalmente, matemáticas. La estática y la óptica geométrica obtenían sus conceptos, diagramas y el vocabulario técnico de la geometría, y compartían con ésta una estructura lógica deductiva tanto en la presentación como en la investigación. Autores como Euclides, Arquímedes

_____

[6] *Ibid.*, p.30.

y Tolomeo hicieron contribuciones significativas en la mayoría de estos campos. Esta unión a través del lenguaje matemático las separó de otras ramas especializadas como la anatomía y la fisiología, y las constituyó en una constelación natural. Practicadas por un mismo grupo y participando en una tradición matemática compartida, la astronomía, armonía, matemáticas, óptica y la estática se pueden agrupar como la ciencia antigua, e incluso podríamos denominarlas con el nombre de una de ellas, las matemáticas.[7]

La búsqueda del conocimiento científico constituye el rasgo dominante de la moderna civilización europea. Los líderes del pensamiento renacentista aprendieron en los textos griegos que la naturaleza está diseñada matemáticamente y que este diseño es armonioso, estéticamente placentero, y la verdad inmanente de la naturaleza. La naturaleza no sólo es racional y ordenada sino que actúa de acuerdo con leyes inexorables e inmutables.

El período humanístico se caracterizó por el estudio de las obras de los autores griegos. Los ideales de la antigua Grecia, la aplicación de la razón al estudio de la naturaleza y la búsqueda del diseño matemático subyacente, comenzaron a actuar posteriormente. La confrontación entre el legado cultural griego y la cultura cristiana trajo como consecuencia la necesidad de reconciliar el conocimiento del universo creado por Dios con la búsqueda de las leyes matemáticas de la naturaleza. La solución dada a este problema por los pensadores del renacimiento fue la proposición de la doctrina de que el Dios cristiano había diseñado el universo matemáticamente. La búsqueda cristiana de comprender la voluntad divina se convierte entonces en la búsqueda del diseño matemático de la naturaleza creado por Dios. El conocimiento matemático, la verdad acerca del diseño divino del universo, es tan sacrosanto como cualquier línea de las Sagradas Escrituras. Los matemáticos estaban seguros de que los fenómenos naturales obedecían leyes matemáticas porque estaban convencidos *a priori* de que Dios las había incorporado en su diseño del universo.

Esta conjunción de los ideales de la antigüedad Griega con los conceptos cristianos es un claro ejemplo de la tenacidad de las ideas religiosas y

---

[7] Thomas S. Kuhn, *The Essential Tension*, Chicago, The University of Chicago Press, 1.977, p.35.

matemáticas para permanecer en el tiempo. La imagen presentada por la mayoría de los historiadores del período que transcurre desde Tycho Brahe y Copérnico hasta Newton, resalta el carácter revolucionario de su pensamiento. Pero si estudiamos directamente las obras de los investigadores durante ese lapso, nos encontramos con que pudieron compaginar sin dificultad las ideas religiosas en las cuales habían sido educados con los conceptos sobre la estructura matemática de la naturaleza proveniente de sus investigaciones sobre la ciencia de la antigüedad clásica. Tanto las ideas sobre el lenguaje matemático aportadas por los griegos como la concepción Judeo-Cristiana del Dios Creador, van a permanecer a través de los cambios conceptuales producidos en lo que se ha denominado la Revolución Copernicana.

Esta revolución tendría lugar en el modelo astronómico a nivel macro, y en la física a nivel micro. El paradigma Aristotélico-Tolemaico, con la tierra en el centro de un universo finito, con un espacio no isotrópico y no isomorfo, será sustituido por un universo Newtoniano infinito, sin puntos ni direcciones privilegiadas, sin centro. Vistos de esta manera, los cambios conceptuales antes mencionados constituyen obviamente una revolución. Pero esta revolución tendría lugar en la astrofísica o cosmología, mientras que la idea del papel de las matemáticas en el estudio de la naturaleza no sólo no cambió, sino que se reforzó con los logros obtenidos por los científicos del Renacimiento.

La articulación de la idea Judeo Cristiana del Dios Creador con la concepción Griega de la estructura matemática de la naturaleza fue todavía más sencilla, simplemente se sostuvo que Dios había creado el mundo estructurándolo matemáticamente. El que hayan ejecutado en la hoguera a Giordano Bruno y el juicio a Galileo tienen que ver con la política de la Iglesia y el impacto de las propuestas de estos autores en la ideología dominante, con la historia externa. Desde el punto de vista de la historia interna de la ciencia, pueden haber retrasado la publicación del *De Revolutionibus* de Nicolás Copérnico y ocasionado que Galileo se retractara, pero no afectó la lógica de su pensamiento.

Copérnico nos dice en el prefacio a su obra *Sobre las Revoluciones de las Esferas Celestes* publicado en 1.543, que la concepción Tolemaica del universo había devenido escandalosamente compleja. En este trabajo Copérnico logra reducir el número de epiciclos y deferentes a treinta y cuatro, en lugar de los setenta y siete utilizados en la teoría geocéntrica. Kepler sostiene en su obra *Misterios del Cosmos* publicada en 1.596, que las armonías matemáticas en la mente del Creador son las causantes de que el número, las dimensiones y los movimientos de las órbitas sean como son. La primera de sus tres leyes sobre el movimiento de los planetas rompe con una tradición de dos mil años que sostenía que círculos y esferas eran los instrumentos adecuados para describir los movimientos celestes. La segunda ley de Kepler no es menos revolucionaria. Copérnico y los griegos habían utilizado velocidades constantes, pero las observaciones de Kepler le mostraban que un planeta al moverse a lo largo de su elipse no lo hace a una velocidad constante. El planeta se mueve más rápido en las cercanías del sol. Kepler descubre que el área barrida por el vector que une el foco de la elipse donde se encuentra el sol con el planeta es lo que permanece constante en el tiempo. Las teorías de Copérnico y Kepler sufrieron un sinnúmero de cuestionamientos por sus contemporáneos. La idea de una tierra rotando sobre su eje y desplazándose en el espacio era incompatible con la concepción Aristotélica del movimiento. Frente a todas las objeciones en contra de la teoría heliocéntrica, Copérnico y Kepler no tenían sino una sola respuesta, haber alcanzado una simplificación matemática que tenía como consecuencia una teoría más armónica y estéticamente superior. Dada la creencia de que Dios había diseñado el mundo, era claro que en su creación escogería la mejor teoría, la concepción heliocéntrica era matemáticamente superior, por lo tanto las teorías de Copérnico y Kepler debían ser las correctas. Lo importante de lo anterior es que sólo una convicción absoluta de la importancia de las matemáticas en el diseño del universo pudo lograr que Copérnico y Kepler afirmaran sus nuevas teorías frente a una oposición tan poderosa.[8]

El principal objetivo de Descartes es encontrar el método para establecer la verdad en todos los campos del conocimiento. Comienza la construcción de su filosofía aceptando únicamente aquellos hechos que trasciendan la posibilidad de duda. Surge entonces la pregunta de cómo diferenciar la evidencia aceptable de la que no se puede aceptar. La mente sólo tiene dos caminos para alcanzar un conocimiento sin caer en el error: la intuición y la deducción. Descartes compartía la idea de que Dios ha

---

[8] Morris Kline, *op. cit.*, p.40.

diseñado el mundo matemáticamente. Las leyes de la naturaleza son invariables porque forman parte de un patrón matemático predeterminado, esto niega la creencia prevaleciente en la época de que Dios interviene continuamente en el funcionamiento del universo. Descartes nos dice en sus *Principios de Filosofía* publicados en 1.644 que las matemáticas son la esencia de la ciencia. El mundo objetivo es espacio solidificado o geometría encarnada. Por lo tanto, las propiedades del mundo son susceptibles de ser deducidas de la geometría. Con la extensión y el movimiento pretende dar cuenta de toda la construcción del universo, el mundo real es la totalidad de los movimientos de los objetos en el espacio y en el tiempo expresable matemáticamente. El universo es una inmensa y armoniosa máquina diseñada matemáticamente. La ciencia y cualquier otra disciplina que busque establecer orden y medida están sujetas a las matemáticas. Las doctrinas filosóficas y científicas de Descartes subvirtieron el Aristotelismo y el escolasticismo medieval. No obstante, en un aspecto fundamental continuó siendo un escolástico: creyó en verdades *a priori* y que el intelecto mediante su propia fuerza podía alcanzar un conocimiento perfecto de todas las cosas. Extrajo de su propia mente proposiciones acerca de la naturaleza de la realidad. A pesar de esto, contribuyó en gran medida a liberar la ciencia del misticismo y de las fuerzas ocultas, al reducir los fenómenos naturales a sucesos exclusivamente físicos.[9]

En su obra *El Experimentador* publicada en 1.610, Galileo Galilei nos dice que la filosofía está escrita en ese inmenso libro del universo que tenemos siempre frente a nuestros ojos, pero no podemos entenderlo si no aprendemos primero el lenguaje y los símbolos en que está escrito. El libro está escrito en el lenguaje matemático, y los símbolos son triángulos, círculos y otras figuras geométricas, sin cuya ayuda nos es imposible entender ni una palabra. Sin la comprensión de este lenguaje deambulamos en vano en un oscuro laberinto. La razón divina es la fuente de lo racional en la naturaleza. Por lo tanto, el conocimiento matemático no sólo es absolutamente verdadero sino tan sacrosanto como cualquier línea de las Escrituras. En las matemáticas el hombre alcanza el pináculo de todo conocimiento posible, un conocimiento que no es inferior al poseído por el intelecto divino. La más notable de sus innovaciones metodológicas fue su propuesta de abandonar la

---

[9] *Ibid.*, p.42.

explicación física, considerada por Aristóteles el objetivo verdadero de la ciencia, y sustituirla por la descripción matemática. Galileo estaba convencido de que el tipo de conocimiento de la naturaleza que debíamos buscar era el descriptivo. La investigación científica positiva debía ser separada de la búsqueda de las causas últimas, y la especulación sobre las causas físicas debía ser abandonada. La tarea del científico no es preguntarse por qué sino cuantificar. La decisión de Galileo de optar por la descripción matemática constituye la más profunda y fructífera innovación en la metodología científica jamás realizada. Su significación consiste en que colocó la ciencia de una manera mucho más clara bajo la égida de las matemáticas.[10]

Las matemáticas se constituyen en el modelo a seguir por todas las ramas de la ciencia. Todo campo de la ciencia debe comenzar con axiomas o principios y continuar luego deductivamente. Esto ya había sido propuesto por Aristóteles. No obstante, Galileo se aparta radicalmente de los griegos, escolásticos y de Descartes en lo que se refiere al método de obtención de estos primeros principios. En contraposición con la forma de conseguir los axiomas matemáticos, en la física los primeros principios deben provenir de la experimentación. La manera de obtener principios básicos correctos es prestar atención a lo que nos dice la naturaleza, no a lo que prefiere la mente. Frente a los decretos de la naturaleza, la autoridad no posee ningún valor. La doctrina de que los principios físicos deben provenir de la experimentación, es revolucionaria y crucial, no obstante, al abrirle la puerta a la experiencia permitió que se colara el diablo de la duda. ¿Si los principios de la ciencia deben provenir de la experiencia, por qué no los axiomas de las matemáticas? Por supuesto, esta pregunta no será realizada antes de 1.800.

La filosofía de la ciencia predominante en el siglo XVII fue formulada por Descartes, la física debe ser explicada geométricamente, palabra esta última que era utilizada en la época como sinónimo de matemáticas. Pero la metodología Cartesiana, asumida por la mayoría de los científicos anteriores a Newton, proponía una función adicional para la ciencia: aportar una explicación física de los fenómenos naturales. Newton da un vuelco metodológico al adoptar premisas matemáticas en lugar de hipótesis físicas,

---

[10] *Ibid.*, p.46.

esto le permitió predecir con la certeza que Bacon había demandado de la ciencia. Además, las premisas deben ser inferidas de observaciones y experimentos. Newton logra demostrar que las leyes que rigen los movimientos planetarios son deducibles de los mismos principios básicos que rigen los movimientos terrestres. Las tres leyes de Kepler son una consecuencia matemática de la ley de la gravedad y de las tres leyes del movimiento, de esta manera Newton explica las leyes del movimiento planetario. Newton y los científicos que continuaron su trabajo dedujeron tal cantidad de consecuencias importantes acerca del movimiento de los planetas, los cometas, la luna y las mareas que sus logros fueron considerados por los dos siglos siguientes como la explicación del sistema del mundo. A lo largo de todo su trabajo Newton adopta la posición de Galileo de buscar la descripción matemática en lugar de la explicación física. Coloca la deducción y la descripción matemática al frente de las explicaciones y predicciones científicas. Una de las razones fundamentales que lo obligan a adoptar esta posición es que el concepto central de su mecánica celeste no puede ser explicado físicamente, en lugar de una explicación física Newton presenta una formulación cuantitativa de cómo actúa la gravedad. La diferencia fundamental entre la mecánica Newtoniana y la mecánica anterior no consiste en la introducción de las matemáticas como instrumento de descripción del comportamiento de los cuerpos, con Newton las matemáticas aportan los conceptos fundamentales de la física. El único elemento que posee realidad física en las leyes del movimiento de Newton es la aceleración. Newton presenta un universo controlado en todas sus escalas por un conjunto común de principios físicos que sólo son expresables matemáticamente. De esta manera, el modelo Newtoniano constituye un aporte decisivo en el convencimiento de que la naturaleza está matemáticamente diseñada y que las verdaderas leyes de la naturaleza son matemáticas. Los *Principios* de Newton son un epitafio a la explicación física. El método matemático cuantitativo se convierte en la esencia de la ciencia, y la verdad se encuentra asegurada en las matemáticas. Al final del siglo XVIII las matemáticas son como un árbol profundamente arraigado, con raíces de más de dos mil años, con majestuosas ramas, y sobresaliendo sobre el conocimiento restante. Con certeza un árbol como éste viviría para siempre.[11]

---

[11] *Ibid.*, pp. 50 y ss.

Este árbol ha continuado viviendo y creciendo, pero la imagen que de él tenemos hoy día es muy diferente a la que se fue articulando a partir del pensamiento griego clásico y culminó con la fabulosa síntesis Newtoniana. El surgimiento de las nuevas álgebras y de las geometrías no Euclideas cuestionó esta visión idílica.

Los fundadores del movimiento crítico en las matemáticas, en el siglo XIX, se percataron de que por más de dos mil años las matemáticas se habían movido en un mundo de intuiciones, argumentos vagos, razonamientos inductivos y manipulaciones formales de expresiones simbólicas. También se dieron cuenta de que las pretensiones de verdad de las matemáticas, en el sentido de que las estructuras matemáticas se correspondían con las estructuras de la naturaleza, tenían que ser abandonadas.

En la medida en que no podían sustentar el edificio matemático sobre la base de la verdad, intentaron una fundamentación diferente. Se utilizarían axiomas precisamente articulados y pruebas explícitas de todos los resultados. En vez de apoyarse en la verdad, se basarían en la compatibilidad lógica o la consistencia. Los axiomas y teoremas dependerían de tal manera unos de otros, que la estructura sería completamente sólida. Pasaron de una fundamentación de las matemáticas sobre la base de la verdad, en el sentido de su isomorfismo estructural con la naturaleza, a una fundamentación articulada en la consistencia o ausencia de contradicción en su estructura lógica.

El progreso de la física y las matemáticas se ha llevado a cabo de una manera mucho más compleja y tortuosa que lo que nos dicen los manuales. Un ejemplo de ello es el proceso de rigorización de las matemáticas en el siglo XIX, antes mencionado. En vez de comenzar con los números enteros y las fracciones, y luego continuar con los números irracionales, los números complejos, el álgebra y el cálculo, los matemáticos siguieron precisamente el camino contrario. El trabajo se inició por el cálculo y finalmente Giuseppe Peano hizo una axiomática de los números enteros.

Es interesante, por decir lo menos, que la historia de nuestro paradigma de racionalidad haya asumido en ocasiones formas tan extrañas. Si queremos darle un significado a nuestros criterios de racionalidad debemos analizarlos tanto en sí mismos como sobre la base de las actividades en las cuales se pretende que son utilizados con mayor eficacia, las ciencias naturales y su lenguaje que no es otro que el de las matemáticas. De no hacer esto se cae en el peligro de incurrir en circularidades falaces.

La pérdida de la fe en el carácter verdadero de las matemáticas como descripción de la estructura de la naturaleza hizo que los matemáticos trataran de fundamentarlas en su estructura lógica impecable, pero pronto descubrieron que en esta estructura también existían fallas. No obstante, cuando revisamos los textos o manuales utilizados en la educación superior nos encontramos con que la visión de las matemáticas que presentan es muy similar a la que hemos analizado en el presente capítulo, y que se articuló en los dos mil años que transcurrieron del período griego clásico a la síntesis Newtoniana. Pensamos que las consecuencias negativas que de esta situación pudieran derivarse para las ciencias naturales tienden a cero, pero en el caso de la aplicación de las matemáticas en las ciencias sociales tienden a infinito.

Como dijimos anteriormente, las teorías de Copérnico y Kepler sufrieron un sinnúmero de cuestionamientos por parte de sus contemporáneos, y frente a las objeciones no tenían sino una sola respuesta, haber alcanzado una simplificación matemática que tenía como consecuencia una teoría más armónica y estéticamente superior. Sólo la convicción absoluta en la importancia de las matemáticas en el diseño del universo pudo lograr que Copérnico y Kepler afirmaran sus nuevas teorías frente a una oposición tan poderosa. Pensamos que este ejemplo pudiera estar ejerciendo una influencia perniciosa en las ciencias sociales. Frente a la ausencia de creatividad, dado lo yermo de estos campos de investigación, ante la carencia de nuevas ideas, se pudiera estar recurriendo a la matematización de ciertas ramas de las ciencias sociales para darles una apariencia de verdad y de rigor.

No estamos sugiriendo que las matemáticas no puedan ser utilizadas en la investigación de los fenómenos sociales, lo que planteamos es que ellas por sí mismas no son una panacea. Sería necesario la creación e introducción de nuevas y poderosas ideas que intenten explicar el fenómeno humano, esto sería lo único que pudiera ayudarnos a comprender algo más su compleja condición. El revestir de una estructura matemática deductiva añejos pensamientos no nos va a facilitar ni a resolver la tarea. *Per contra*, puede servir para disfrazar de científica una vieja *Weltanschauung*.

Galileo nos dice que la filosofía se encuentra en el inmenso libro del universo que está escrito en lenguaje matemático y que la razón Divina es la fuente de la racionalidad en la naturaleza. No es fácil decidir sobre el problema de la creación, aunque Hawking considera que la *no boundary condition* elimina la posibilidad de la intervención de Dios en la creación del mundo. No obstante, no creemos que las actuales estructuras o instituciones políticas, jurídicas y económicas provengan de la Providencia sino de la acción humana. Si aceptamos esto, la justificación de la verdad por la correspondencia de las estructuras matemáticas con la estructura de la naturaleza, característica de los pensadores del Renacimiento que llevaron a cabo la Revolución Científica, no puede ser extrapolada al estudio de lo social. Por lo tanto, además de ser un anacronismo, su planteamiento en la investigación de los fenómenos humanos no tiene ningún sentido. La razón Divina no es la fuente de nuestras instituciones sociales, aunque algunos parecieran creer que la democracia y el mercado sí lo son.

Conjuntamente con su concepto de inercia, lo más importante desde el punto de vista metodológico de las innovaciones introducidas por Galileo fue su propuesta de abandonar la explicación física, considerada desde Aristóteles hasta Descartes inclusive como el objetivo primordial de la ciencia, y sustituirla por la descripción matemática. Los más grandes avances de las ciencias naturales se originaron por este cambio de perspectiva. La tarea del científico no es preguntarse por qué sino cuantificar. Es innegable el inmenso progreso de las ciencias naturales al asumir este camino, pero cabe preguntarse cuál ha sido el costo de oportunidad de asumir una posición similar en la investigación de los fenómenos sociales y, además, si es o no viable. Con Galileo y Newton las matemáticas se constituyen en el modelo a seguir por todas las ramas de la ciencia, el método matemático cuantitativo se convierte en la esencia de la ciencia, y la verdad se encuentra asegurada en las matemáticas. Frente a los decretos de la naturaleza la autoridad no posee ningún valor, ¿debemos mantener esta actitud frente a las instituciones sociales?

La diferencia fundamental entre las ciencias sociales y las naturales es el *status* de sus respectivas estructuras. La estructura del universo o la naturaleza es sólida, objetiva, independiente de nuestra voluntad, y para la mayoría de los epistemólogos trascendente, como la cosa en sí Kantiana. La estructura de nuestras instituciones sociales es producto de la creación humana, las leyes que gobiernan su funcionamiento son el resultado de la imaginación del hombre o de la ausencia de ella, dependiendo de la perspectiva con que se las observe. Por lo tanto, contrastando con lo sostenido por la opinión general, las instituciones políticas, jurídicas y económicas están mucho más cerca de nuestro entendimiento que una naturaleza que para algunos fue creada por un Dios cuyas ideas desconocemos, y para otros es el producto de una gran explosión debida a que tanto la densidad del universo como la curvatura del espacio-tiempo habrían sido infinitas, en un instante acaecido entre diez y veinte mil millones de años atrás. Cualquiera que se tome la molestia de investigar esta última hipótesis, se percatará fácilmente de que sus detalles no son nada fáciles de dilucidar.

Las diferencias existentes entre la estructura del objeto estudiado por las ciencias naturales y la estructura del objeto investigado por las ciencias sociales tienen consecuencias epistemológicas importantes. La sólida, inconmovible y objetiva estructura de la naturaleza, al ser independiente de nuestra voluntad, es un muro contra el cual se estrellan necesariamente nuestras teorías físicas. No pueden sobrevivir ese violento choque a menos que realmente signifiquen un aumento sustancial de nuestro conocimiento empírico, relativo al saber físico aportado por las anteriores teorías. Esta posibilidad de ser refutadas es lo que da el carácter empírico a las teorías físicas, de no ser así no existiría progreso en la ciencia. *Per contra*, si estudiamos fenómenos como el económico nos encontramos con que el objeto en sí mismo es una creación humana sujeta a la voluntad transformadora del hombre. Lo cual implica que no existe el muro de contención contra el cual deberían ser contrastadas nuestras teorías. Surge inmediatamente la tentación de que se pretenda adecuar la realidad o el objeto investigado a las teorías económicas.

El problema estriba en que nuestras hipótesis o teorías no son otra cosa que prejuicios, conjeturas que hacemos sobre la posible estructura del mundo que nos rodea. La única forma de ponderar la calidad de nuestros prejuicios es la confrontación discursiva de las teorías entre sí, y entre ellas y la naturaleza o la sociedad que pretendemos explicar. Si falta cualquiera de estos dos elementos perdemos la capacidad de criticar nuestras teorías.

Si tomamos la física como ejemplo, su ingente progreso sería el resultado del surgimiento de nuevas teorías que superan a las anteriores tanto desde el punto de vista de su articulación lógica como de su confrontación o choque con el muro de la naturaleza. Esta es la base del falsacionismo metodológico de Popper, e incluso de la propuesta más radical de Paul Feyerabend. Para este autor no es necesaria la cadena ininterrumpida de problemas y teorías revolucionarias propuestas por Popper, mucho menos la ciencia normal de Kuhn. Dado el inmenso caudal de conocimiento empírico con que cuenta la física hoy día, el método correcto a utilizar sería la proposición de múltiples teorías a la vez, sin esperar la cadena de conjeturas y refutaciones Popperiana, porque la sólida base empírica garantizaría que sólo sobrevivan las mejores y aceleraríamos de esta manera el avance de la ciencia. Esto es lo que Feyerabend denomina principio de contra-inducción.

En el caso de las ciencias sociales la situación es diametralmente opuesta, en la medida que el objeto estudiado carece de solidez ontológica, los científicos parecieran estar cayendo en la tentación de revertir el proceso metodológico. En vez de ajustar o cambiar sus teorías para obtener una mejor comprensión del fenómeno que investigan, el método utilizado es el inverso. Intentan santificar sus modelos a través de un proceso revolucionario que consiste en adecuar el objeto considerado a sus prejuicios teóricos. Como su modelo económico del funcionamiento del mercado es distorsionado por las intervenciones estatales y afines, el objetivo revolucionario consiste en eliminar esas intervenciones y hacer que el mercado con su mano invisible rija todos los procesos económicos.

De esta manera la adecuación teoría-realidad llegaría a ser perfecta, pero no debido a que hemos avanzado en nuestro conocimiento teórico del mundo. Sino que, por el contrario, han adecuado las relaciones sociales a sus prejuicios articulados en forma matemática en sus teorías económicas.

Como dijimos antes, la innovación más importante de Galileo desde el punto de vista metodológico fue su propuesta de abandonar la explicación física y sustituirla por la descripción matemática. Pero para que ésto funcione, el objeto de estudio tiene que ser un dato, algo dado e independiente de nuestra voluntad. A menos que asumamos en forma explícita que la esencia de lo social tiene este carácter, la novedosa concepción de Galileo, que sigue siendo fundamental en las ciencias naturales contemporáneas, no podría ser aplicada en las ciencias sociales.

Pensamos que la percepción consciente o subconsciente de lo anterior es lo que hace que la mayoría de los economistas propongan el mercado como la forma óptima de organización social, precisamente, porque de esta manera la sociedad adquiriría un carácter objetivo independiente de nuestra voluntad, similar al de la naturaleza.

Esto es algo muy grave desde el punto de vista ético, porque limita la decisión humana a campos muy reducidos de acción, la ingeniería social de Popper, la micro y macroeconomía. La totalidad del problema social no puede ser atacada porque es objetiva, ni siquiera puede ser pensada. El pensarla constituiría *eo ipso* un crimen de lesa metodología.

En el plano epistemológico, la función crítica se circunscribe a las teorías con que pretendemos dar cuenta de la realidad, teorías que por definición deberán ser parciales. La realidad como un todo, al igual que la cosa en sí Kantiana, trasciende nuestras posibilidades de comprensión y con mucha más razón la acción transformadora, organizada y consciente. Las instituciones políticas, jurídicas y económicas podrán ser remendadas, parchadas, pero siempre parcialmente. En esto estribaría la perfectibilidad de la sociedad, y constituiría el único progreso posible y aceptable.

Hemos caído en una dicotomía, en un callejón sin salida, que nos presenta como única alternativa a este modelo de desarrollo o progreso lo que la *Weltanschauung* dominante considera como el coco de la burocracia estatal o el estado paternalista. No sé por qué nos hemos dejado meter en este *cul de sac*, pero lo único que les queda a los seres pensantes y no abstractos, que no vean el mundo blanco-negro, es tratar de salir por todos los medios a nuestro alcance de este atolladero espiritual.

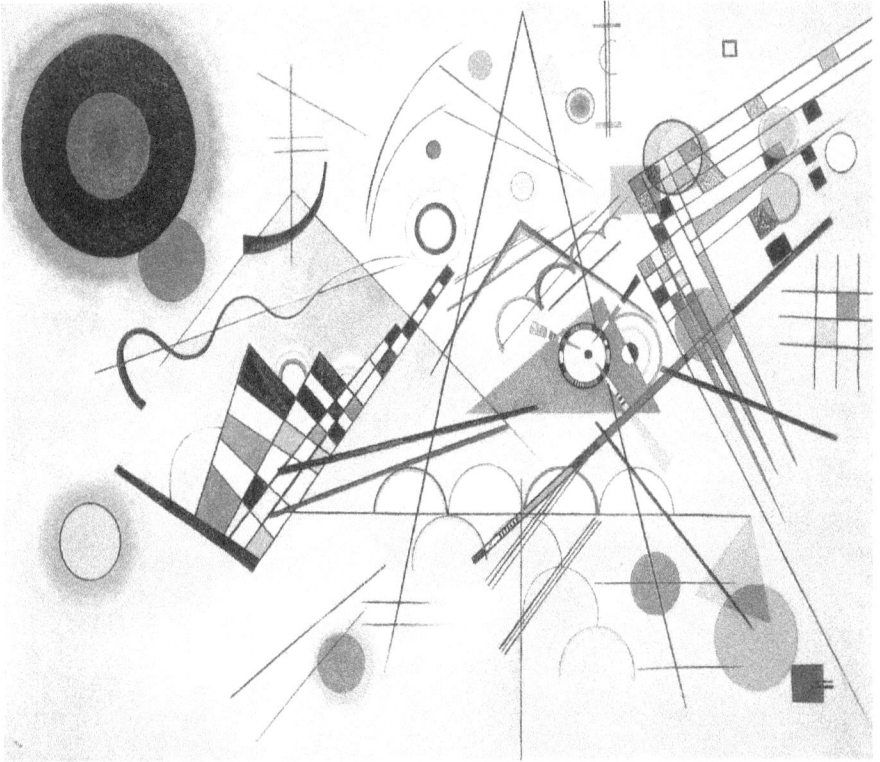

Wassily Kandinsky *"Composition VIII"*

CAPITULO IV

La ciencia y la metodología de la enseñanza. Crítica versus Dogma.

Lakatos y Kuhn están de acuerdo en que tanto los historiadores tradicionales de la ciencia como los libros de texto presentan una visión distorsionada de la historia real de la ciencia. No obstante, para Kuhn, por lo menos en lo que se refiere a los libros de texto, esta distorsión es llevada a cabo con fines pedagógicos. En la medida en que el objetivo buscado con los manuales científicos es hacer que el estudiante domine de la forma más rápida y eficiente posible tanto el lenguaje como las técnicas fundamentales de la disciplina, los libros de texto resaltan el encadenamiento de ideas que llevan directamente al concepto vigente que se pretende explicar, eliminando todos los errores o dificultades que se hayan podido suscitar en la historia real de su obtención. Lakatos, por el contrario, sostiene que este tipo de enseñanza estimula la aparición de mentes acríticas y propone un método de enseñanza basado en conjeturas y refutaciones, incluso para las matemáticas.

Ambos convienen también en que las ciencias naturales no avanzan de una manera puramente acumulativa, aunque Lakatos considera que las matemáticas tampoco se desarrollan acumulativamente, sino a través de pruebas y refutaciones. La diferencia en este punto estriba en su actitud frente a los períodos acumulativos. Kuhn reconoce que cumplen una función fundamental de limpieza y articulación del campo, mientras que Lakatos, sobre todo en sus primeros trabajos, pareciera aceptarlos a regañadientes. En sus últimas publicaciones la posición es más cercana a la de Kuhn, pero con matices que veremos más adelante.

La metodología Euclidea ha desarrollado un estilo obligatorio de presentación, el estilo deductivo. Este estilo comienza con una larga lista de axiomas, lemas y definiciones. Los axiomas y definiciones frecuentemente lucen artificiales y mistificadoramente complicados, no se nos explica como surgieron esas complicaciones. La lista de axiomas y definiciones va seguida por teoremas cuidadosamente expresados, los cuales están cargados con pesadas condiciones. El teorema va seguido de la prueba.

Algunos libros de texto pretenden que el lector no necesita ningún conocimiento previo, sólo cierta madurez matemática. Esto significa que el estudiante debe tener la habilidad natural de aceptar un argumento Euclideo sin ningún interés antinatural en el contexto problemático, en la heurística que hizo posible el argumento. El ritual Euclideo obliga al estudiante a aceptar este acto de magia sin preguntas. Si el estudiante descubre que algunas de las definiciones inconvenientes son generadas por la prueba, si se pregunta cómo es posible que estas definiciones, lemas y teoremas puedan preceder a la prueba, será acusado de inmadurez matemática.

En el estilo deductivo, todas las proposiciones son verdaderas y las inferencias válidas. Las matemáticas son presentadas como un conjunto de verdades eternas e inmutables que aumentan continuamente. Contraejemplos, refutaciones o la crítica no tienen cabida. El aire autoritario es asegurado comenzando con una exclusión de monstruos disfrazada, definiciones generadas por la prueba, el teorema completamente desarrollado, y mediante la eliminación de la conjetura original, las refutaciones y la crítica de la prueba. El estilo deductivo esconde la lucha y la aventura. La historia desaparece, las sucesivas formulaciones tentativas del teorema a lo largo del procedimiento de prueba son olvidadas y el resultado final es exaltado a la infalibilidad sagrada.[1]

En los capítulos y observaciones referentes a la historia de las matemáticas veremos cuán diferente ha sido la evolución de esta disciplina a la imagen canónica que normalmente se tiene de ella y a la que se nos presenta en los libros de texto, en las raras ocasiones en que hacen referencia

---

[1] Imre Lakatos, *Proofs and Refutations*, Cambridge, ed. Cambridge University Press, 1.979, p.142.

a la historia de las matemáticas. De acuerdo con esta visión, las matemáticas están constituidas por un conjunto de verdades eternas que se han ido acumulando a lo largo de la historia. Esta manera de presentar la historia de las matemáticas no es nueva, la mayoría de los investigadores desde la época clásica hasta mediados del siglo XIX también pensaban que estaban descubriendo y acumulando verdades acerca de la estructura de la naturaleza. La efectividad de las matemáticas no hizo sino reforzar esta creencia e incrementar la fe en el instrumental o lenguaje matemático, a pesar de que siempre existieron voces como la de dAlembert que advertían sobre el precario estado de su fundamentación lógica. Para este autor se había puesto más énfasis en agrandar el edificio que en iluminar la entrada, en hacerlo cada vez más alto en vez de fortalecer sus bases. Esto que fue dicho en 1.743 es aplicable a todo el siglo XVIII y comienzo del XIX. Pero nada de esto aparece en los libros de texto o forma parte de la imagen que comúnmente se tiene de las matemáticas. El triunfo arrollador de las predicciones de la física Newtoniana basadas en la descripción matemática siempre acalló este tipo de preocupaciones.

No obstante, si estudiamos directamente los trabajos y sobre todo la correspondencia de estos autores encontraremos siempre preocupaciones y críticas acerca de la utilización de los números negativos, irracionales y complejos. Se preguntaban si eran realmente números, independientemente de que los utilizaran extensivamente en sus trabajos. También discutían sobre los conceptos de infinito e infinitésimo, sobre la fundamentación lógica del cálculo, y así sucesivamente. Pero nada de esto detuvo el proceso creativo de una de las épocas más prolíficas de la historia de las matemáticas. La reflexión crítica siempre existió, pero fue sobrepasada con creces por los éxitos empíricos.

Cabría preguntarse por la conveniencia o no de incluir esta historia en los manuales matemáticos, dados sus fines pedagógicos. Podría objetarse que se harían interminables y que confundirían al educando en vez de ayudarlo a entender de una manera expedita los conceptos que se le pretenden enseñar. Pero, ¿y los peligros? Sobre todo en las ciencias sociales, cuyos manuales tratan de imitar la estructura de estos textos, ¿Produce el entrenamiento a través de este tipo de literatura mentes puramente convergentes?

La crítica hecha por Lakatos a los libros de texto matemáticos es muy similar a la descripción, aunque no crítica, que hace Kuhn de los libros de texto de la física. Pero Lakatos cuestiona este tipo de educación mientras que Kuhn la justifica sobre la base de sus fines pedagógicos. Lo que sí critica Kuhn es la extrapolación de esta imagen acumulativa y continua de la ciencia a las obras de los historiadores de la ciencia. Estos nos darían una versión puramente acumulativa del progreso de la ciencia, frente a lo cual Kuhn propone períodos alternos de acumulación de conocimientos basados en un paradigma compartido por los miembros de una comunidad científica, la ciencia normal, seguidos por crisis y revoluciones que darán origen a nuevos paradigmas. La crítica es en el plano historiográfico, no de la enseñanza. Por el contrario, Kuhn considera que este tipo de entrenamiento es fundamental para la ciencia madura.

Lakatos sostiene que la educación matemática y científica actual es una cuna de autoritarismo y es la peor enemiga de un pensamiento crítico independiente. En las matemáticas el patrón a seguir es el deductivo, en las ciencias naturales el inductivo. Existe una larga tradición de estilo inductivo en la ciencia. Un artículo ideal comienza con la descripción del montaje del experimento, seguida de la descripción del experimento y su resultado. El artículo concluye con una generalización. La situación problemática, la conjetura que el experimentador pretende contrastar, es escondida. El autor presume de una mente virgen, vacía. El trabajo sólo será comprendido por unos pocos iniciados que conocen la situación problemática. El estilo inductivo refleja la pretensión de que el científico comienza su investigación con la mente como una *tabula rasa*, cuando en realidad la tiene plena de ideas. Este juego sólo puede ser jugado, no siempre con éxito, por un selecto gremio de expertos. El estilo inductivo conjuntamente con su gemelo deductivo, aunque pretende objetividad, promueve un lenguaje gremial privado, atomiza la ciencia, sofoca la crítica y hace a la ciencia autoritaria. Los contraejemplos no pueden darse en tal presentación: uno comienza con observaciones, no teorías, y obviamente sin una teoría *a priori* uno no puede encontrar contraejemplos.[2]

Llegados a este punto debemos confrontar una paradoja. Lakatos es el alumno dilecto de Popper, el encargado de llevar las ideas del maestro a un

_____

[2] *Ibid.*, p.143.

nivel de sofisticación tal que les permita confrontar las críticas o planteamientos alternativos producidos por autores como Kuhn, Toulmin, Feyeraben y otros. No obstante, Popper siempre ha pretendido que el científico es el prototipo de la capacidad crítica, objetividad intelectual y de todas las virtudes cardinales que deberían constituir al hombre ideal. Pero la descripción que hace Lakatos tanto de la educación como de la literatura científica, bien sean libros de texto o artículos, nos revela un perfil autoritario, acrítico, una atomización de la ciencia que conduce a la especialización y consiguientemente a lenguajes privados impenetrables por cuestionamientos externos.

Cabe preguntarse, entonces, cuál es el origen de la imagen paradigmática del científico y de la práctica de la ciencia que nos propone Popper en su *Lógica de la Investigación Científica* y en el resto de su obra. Su diferenciación entre contexto de descubrimiento y contexto de justificación no salva la dificultad. Pero la distinción normativo-positivo, sí podría ayudarnos a dilucidar esta paradoja. Si revisamos atentamente tanto los libros de texto como los artículos científicos que aparecen en las revistas especializadas, nos encontramos con que ambos tienen las características descritas igualmente por Lakatos y Kuhn. Por lo tanto, no nos queda otra alternativa que pensar que la imagen del científico propuesta por Popper no es más que un *desideratum*, un planteamiento normativo sobre un posible deber ser de la ciencia. El problema estriba en que Popper confunde con mucha sutileza los dos niveles, apoyándose en ejemplos que sustenten su visión de la ciencia como los casos de científicos espectaculares de la talla de Einstein. Pero si quisiéramos podríamos resaltar el carácter acrítico del mismo Einstein, tomando como modelo su famosa constante cosmológica, que él consideró posteriormente como el error más grande de su vida. Lo importante es que la constante cosmológica fue propuesta por Einstein para eliminar la consecuencia lógica de un universo no estático, que se deriva necesariamente de la teoría de la relatividad general. En otras palabras, después de haber creado una de las teorías más revolucionarias de la historia de la ciencia, Einstein introdujo la constante cosmológica para poder mantener lo que él consideraba como una verdad *a priori*, el carácter estático del universo. Otro ejemplo similar de la negativa a aceptar las consecuencias lógicas de la teoría de la relatividad general fue la actitud de Sir Arthur Eddington frente a los *black holes*. Es la existencia de estos prejuicios recalcitrantes, que no aceptan el *modus tollens*, y de las importantes consecuencias, unas veces positivas otras negativas, que de ellos se derivan para el avance de la ciencia lo que Popper quiere negar. Y, como veremos más adelante, cuando frente a la evidencia no le queda más que aceptarlos, los considera como ejemplos de una mala práctica científica. Por su parte, Kuhn sostiene que estos prejuicios estructurados en forma de paradigmas constituyen la condición *sine qua non* de la ciencia madura. Lakatos en su metodología de los programas de investigación científica, ha terminado por acceder a algunos de estos Kuhnianos planteamientos. Pero por los momentos nos interesa resaltar las diferencias entre estos dos autores, para luego poder entender con más claridad los matices de su eventual acercamiento.

Lakatos nos dice que la historia de las teorías cuasi-empíricas es una historia de especulaciones atrevidas y refutaciones dramáticas. Pero nuevas teorías y refutaciones espectaculares, lógicas o heurísticas, no suceden todos los días en la vida de las teorías cuasi-empíricas, bien sea que pertenezcan a las ciencias naturales o a las matemáticas. Hay largos períodos de estancamiento en los cuales una sola teoría domina la escena sin rivales y sin aceptar refutaciones. Estos períodos hacen que muchos olviden que los supuestos básicos son criticables. Teorías que al comienzo lucieron contrarias a la intuición e incluso perversas, adquieren autoridad. Se propagan ilusiones metodológicas extrañas algunos se imaginan que los axiomas brillan con certeza Euclidea, otros piensan que los canales deductivos de la lógica elemental tienen el poder de retransmitir la verdad o probabilidad inductivamente de los enunciados básicos a los axiomas existentes. El ejemplo clásico de un período anormal en la vida de una teoría cuasi-empírica es el largo dominio de la teoría de la gravitación y la mecánica Newtonianas. El carácter paradójico y poco aceptable de la teoría desesperó al mismo Newton, pero después de un siglo de corroboraciones Kant pensó que era evidente por sí misma.[3]

Lakatos considera que cuando una teoría como la de Newton domina la escena científica por mucho tiempo, la investigación ha entrado en un período de estancamiento. Pero esto no es necesariamente así. Si

---

[3] Imre Lakatos, "A renaissance of empiricism in the recent philosophy of mathematics?" en *Mathematics, science and epistemology. Philosophical Papers. Vol.2*, Cambridge, ed. Cambridge University Press, 1.978, pp. 41-42.

aceptáramos este criterio, el paradigma Aristotélico-Tolemaico que imperó por más de un milenio y la propia teoría de la relatividad general que sigue siendo articulada en la actualidad por hombres como Stephen Hawking y Roger Penrose serían las bases de una mala práctica científica, al igual que la concepción Newtoniana. Lo cual implicaría que la mayor parte de la historia de la ciencia exceptuando los momentos críticos y revolucionarios estarían caracterizados por una mala forma de hacer ciencia. Esto nos luce bastante difícil de sostener frente a los estudios historiográficos contemporáneos. Como vimos anteriormente al analizar el concepto de ciencia normal propuesto por Kuhn, lo que Lakatos considera anormal y pernicioso constituye, como lo sugiere el enunciado de la idea, no sólo la manera normal de actuación del científico sino que es la condición de posibilidad del avance de una ciencia madura y también del encontrar las anomalías que darán origen a la crisis y posteriormente a la revolución científica. No siempre la permanencia en el tiempo de una teoría significa un estancamiento. Si su duración es debida a necesidades lógicas internas del desarrollo de la teoría y al aumento de su contenido empírico, no sólo no hay estancamiento sino que es condición *sine qua non* para el avance de la ciencia. Pero es innegable que pueden existir condiciones, sobre todo externas, que pueden ocasionar el dominio o la persistencia en el tiempo de una teoría por razones espurias. Lo interesante es que lo que Lakatos acepta como existiendo pero negativo y que por lo tanto debe ser eliminado, Kuhn lo considera positivo y condición de posibilidad fundamental para el avance de la ciencia.

La historia de las matemáticas ha sido distorsionada por falsas filosofías incluso más que la historia de la ciencia. Todavía es considerada por muchos como una acumulación de verdades eternas; tanto teorías como teoremas falsos son desaparecidos en el oscuro limbo de la prehistoria o agregados en la lista de errores lamentables, de interés sólo para los coleccionistas de curiosidades. De acuerdo con algunos historiadores de las matemáticas la historia propiamente dicha comienza con aquellos trabajos conformes con los parámetros vigentes. Otros descienden a la prehistoria para recoger joyas de verdad eterna entre la basura. Ambos se pierden de los patrones más excitantes de conjeturas y refutaciones en la historia de las matemáticas. Todavía peor, teorías interesantes pero inconsistentes son distorsionadas para convertirlas en "correctas" más no interesantes precursoras de las teorías actuales. Esfuerzos para salvar la autoridad de los gigantes del pasado dándoles una apariencia moderna y pulida han ido mucho más allá de lo imaginable. [4]

Algunas escuelas en la teoría del conocimiento proponen una demarcación entre dos tipos de conocimiento completamente diferentes: *episteme*, conocimiento probado, y *doxa*, mera opinión. Las escuelas más influyentes, las escuelas justificacionistas, le dan un puntaje excesivamente alto a la *episteme* y excesivamente bajo a la *doxa*; de acuerdo con sus cánones extremos sólo la *episteme* merece el nombre de conocimiento. No podemos conocer una proposición a menos que sea verdadera. El conocimiento es conocimiento probado, el crecimiento del conocimiento es el crecimiento del conocimiento probado, el cual es *eo ipso* acumulativo. El carácter preponderante del justificacionismo puede verse claramente en el hecho de que la teoría del conocimiento es denominada epistemología, la teoría de la *episteme*. [5]

Si comparamos estos modelos filosóficos y las reconstrucciones racionales de la historia de la ciencia que de ellos se derivan con la historia de las matemáticas en uno de sus momentos estelares y más creativos enfrentamos su inmediato colapso. Paradójicamente, si por algo se destacan la increíble cantidad de descubrimientos matemáticos del siglo de las luces y la razón es por el poco interés de sus protagonistas por probar sus descubrimientos. Pareciera que la gran efectividad del instrumental matemático para describir y predecir los fenómenos naturales sustituyó por mucho tiempo el rigor lógico de las pruebas. El estado en que se encontraba la fundamentación lógica del cálculo, una de las teorías más sofisticadas del análisis matemático, de la teoría de las series infinitas, de los números complejos y demás áreas de la investigación matemática, con excepción de la geometría y los números enteros, era verdaderamente lamentable. Desde este punto de vista, el calificativo de edad de la confusión en vez del de edad

---

[4] Imre Lakatos, "Cauchy and the continuum: the significance of non-standard analysis for the history and philosophy of mathematics" en *op. cit.*, pp.43-44.

[5] Imre Lakatos, "Newtons effect on scientific standards" en *The methodology of scientific research programmes. Philosophical Papers Vol.1*, Cambridge, ed. Cambridge University Press, 1.978, p. 193.

de la razón sería más adecuado. Este último describiría con más precisión la actitud de los matemáticos de la segunda mitad del siglo XIX.

Si estas falsas filosofías y sus consecuencias tanto para la historiografía como para la metodología de la enseñanza han sido perjudiciales para el desarrollo de las ciencias naturales es algo discutible. Pero su extrapolación o importación al campo de las ciencias sociales, específicamente a la economía, es digna de ser tomada con precaución. Los libros de texto de economía están siendo estructurados en la forma antes descrita. Investigando los efectos de una educación basada en estos manuales en la Escuela de Economía de la U.C.V., nos encontramos con que están apareciendo en los estudiantes síntomas preocupantes. Las ilusiones metodológicas denunciadas por Lakatos cunden por doquier en las mentes convergentes de unos educandos que parecen contemplar arrobados el brillo axiomático de una microeconomía que ilumina todas sus opiniones.

En relación con la práctica científica, la historia de la ciencia y su enseñanza, Popper nos dice que la ciencia normal, en el sentido que le da Kuhn a este concepto, existe. Es la actividad de los profesionales no revolucionarios, no críticos, del estudioso de la ciencia que acepta el dogma dominante, que no desea desafiarlo, que sólo admite una teoría revolucionaria nueva si se pone de moda. Resistir una nueva moda quizá requiere tanto coraje como se necesitó para imponerla. Juzga que lo descrito por Kuhn existe y debe ser tomado en cuenta por los historiadores de la ciencia, pero lo considera un peligro para la ciencia. Al científico normal se le ha enseñado mal, se le ha educado dentro de un espíritu dogmático, indoctrinado. Ha aprendido una técnica que puede aplicarse sin preguntar por qué puede ser aplicada, se contenta con resolver rompecabezas. Frente a este tipo de educación, la alternativa propuesta por Popper es una enseñanza que sirva de entrenamiento y estímulo al pensamiento crítico.[6]

Cabría preguntarse si el problema de Popper no será el haber escogido mal su paradigma de crítico en lo que él considera la actitud normal o preponderante del científico natural. Podemos discernir una inversión descriptiva, para Popper lo normal es el científico revolucionario, para Kuhn

---

[6] Karl Popper, "La ciencia normal y sus peligros" en *La Crítica y el Desarrollo del Conocimiento*, Barcelona, ed. Grijalbo, 1.975, p.151.

per contra, el investigador que trabaja sobre la base de una matriz disciplinaria a la que no cuestiona. Según Kuhn esto es fundamental en una ciencia madura y es lo que garantiza su rápido avance. Pensamos que la decisión sobre la controversia hay que buscarla en la historia de la ciencia. No hacerlo así, sería pretender que la metodología o filosofía de la ciencia tiene un carácter puro *a priori* e inmune a la misma falsación Popperiana, eximiría el *modus tollens*. Las consecuencias serían muy interesantes, porque eliminaríamos la crítica a nivel filosófico para circunscribirla al ámbito estrictamente científico. En este punto nos damos cuenta que el lenguaje comienza a romper sus moldes, palabras como filosofía y ciencia intercambian sus significados. La filosofía de la ciencia adquiriría un carácter normativo de acuerdo a criterios liberales ingenuos que pretenden negar los rasgos doctrinarios de la educación en general, por más intentos que se hagan de disfrazarlos con una crítica que, en la mayoría de los casos, no pasa de ser un simulacro estéril.

Debemos destacar en este punto la animadversión de algunos seguidores de Popper contra Wittgenstein y aquellos a los cuales consideran sus discípulos, un ejemplo claro lo encontramos en los cuestionamientos hechos por Lakatos a Toulmin. La raíz de esta antipatía es que Wittgenstein en su obra posterior al *Tractatus* muestra como la misma forma en que aprendemos y usamos el lenguaje en general, no sólo el de la ciencia que sería una exacerbación del problema, configura nuestra imagen del mundo. El haber introducido el dedo en la llaga a través de su teoría de los juegos lingüísticos, el haber revelado lo precario de la argumentación crítica, es lo que hace de este autor y sus supuestos acólitos blanco del ataque.

Hay una trivialización del problema de la crítica por parte de Popper y por lo tanto del concepto de racionalidad que se deriva de ella. Es más peligroso un concepto simplista y falaz de racionalidad que caer en el ámbito de lo que muchos considerarían irracional. Esa inversión significativa de conceptos como filosofía y ciencia sería un ejemplo típico en el cual Wittgenstein diría que el lenguaje se fue de vacaciones.

En una lista compilada por el historiador de la ciencia de Harvard I. Bernard Cohen, quien durante muchos años buscó en los archivos de la ciencia investigadores que hubieran considerado su trabajo como revolucionario, aparecen sólo dieciséis. Robert Symmer, un escocés contemporáneo de Benjamin Franklin cuyas ideas sobre la electricidad eran verdaderamente radicales pero equivocadas. Jean-Paul Marat, a quien hoy se recuerda sólo por su sangrienta contribución a la Revolución Francesa. Von Liebig, Hamilton, Charles Darwin, Virchow, Cantor, Einstein, Minkowski, Von Lave, Alfred Wegener, Compton, Just, James Watson, y Benoit Mandelbrot.

El escaso número de científicos que aparecen en esta lista y la ausencia de muchos grandes nombres de la historia de la ciencia, sobre todo de aquellos que los historiadores tradicionalmente han considerado como revolucionarios, pareciera refutar la imagen del investigador usualmente crítico presentada por Popper y confirmar la del normalmente dogmático propuesta por Kuhn. Pero pretender zanjar la dificultad de esta manera sería involucrarnos en el tipo de trivializaciones que hemos venido estudiando críticamente a lo largo de este trabajo. La anterior lista sólo constituye una información interesante acerca de cómo visualizan los científicos su propio quehacer.

En los capítulos siguientes estudiaremos el proceso de avance de la ciencia, su progreso y la relación de éste con la idea de progreso en general.

Wassily Kandinsky *"Black-Relationship"*

CAPITULO V

El progreso y la lógica de la investigación científica.

Una de las pocas actividades humanas en las que se puede hablar claramente de progreso es: la ciencia. Tanto los epistemólogos como el hombre común están completamente de acuerdo en cuanto al inconmensurable avance de la ciencia. Los primeros, debido al estudio de la estructura lógica de las teorías y de su desarrollo histórico. El hombre común, como resultado del efecto que los derivados tecnológicos de la ciencia han tenido sobre su cotidiana existencia, transformándola radicalmente en épocas sucesivas. No obstante, a pesar del acuerdo sobre el progreso de la ciencia, existen profundas diferencias referentes al por qué y cómo se lleva a cabo este desarrollo. En éste y en los siguientes capítulos haremos una revisión crítica de los diferentes modelos planteados para dar cuenta del progreso de la ciencia, contrastando además esas propuestas metodológicas con las modernas versiones de la historiografía de la ciencia y con las opiniones de los propios científicos sobre su actividad. Con este estudio como telón de fondo haremos nuestras propias sugerencias sobre la práctica científica en sí y sus implicaciones para la cultura en general.

Hay que ser sumamente cuidadoso en el análisis, porque la utilización de metáforas o analogías similares por parte de los diferentes expositores pueden llevarnos a considerar posiciones radicalmente diferentes como si fueran semejantes. Un ejemplo sería las referencias de corte Darwinista, imágenes sacadas de la teoría de la evolución biológica, utilizadas por Toulmin y Popper. *Prima facie,* esto podría llevarnos a la falsa conclusión de la equivalencia de sus planteamientos, cuando en realidad uno resalta la continuidad acumulativa del cambio conceptual, mientras el otro su aspecto revolucionario.

Las ideas de Popper constituyen en la actualidad algo así como el sentido común de los epistemólogos, son una especie de marco referencial que subyace a todas las discusiones contemporáneas sobre filosofía de la ciencia. También forman la base sobre la cual se articula la visión de la ciencia que se presenta en los libros de texto utilizados en la instrucción de los educandos pertenecientes a las diferentes disciplinas científicas, tanto naturales como sociales. Tienen hoy en día la misma fuerza que en el pasado tuvieron el positivismo lógico y las ideas del Círculo de Viena. Este es el motivo de que a continuación expongamos sus conceptos centrales, con el objetivo de que su crítica y comparación con las propuestas metodológicas alternativas pueda ser realizada en profundidad. Es importante destacar que tanto Popper y sus seguidores como sus adversarios caen en ocasiones, sobre todo en sus trabajos y artículos polémicos, en un nivel panfletario, dada la desfigurante simplificación de los problemas a discutir, con el fin primordial de derrotar la posición del adversario. No sólo desfiguran la posición del contrincante, sino que en ocasiones simplifican extremadamente sus propios planteamientos metodológicos para hacer que su instrumental crítico adquiera un carácter más astringente o cáustico que el que posee en realidad. Lamentablemente, los artículos y trabajos antes mencionados son los más leídos y difundidos, debido a que su bajo nivel técnico los hace más accesibles para el lector no especializado. Esto ha tenido un impacto importante y que consideramos negativo en la concepción de la ciencia en general tanto para el hombre común como para los científicos sociales, que por la juventud de sus respectivos campos han visto en las ciencias naturales el modelo a seguir o a criticar, dependiendo de las concepciones ideológicas y políticas imperantes en diferentes momentos históricos.

Popper sostiene que lo que obliga al investigador a buscar una teoría mejor es casi siempre la falsación experimental de una teoría que hasta ese momento era aceptada y corroborada: es el resultado de contrastaciones guiadas por la teoría. Ejemplos famosos son el experimento de Michelson y Morley que condujo a la teoría de la relatividad, y la falsación de Lummer y Pringsheim de la fórmula de la radiación de Rayleigh y Jeans, y de la de Wien, que trajo como consecuencia la teoría cuántica.

La preferencia de una teoría sobre las demás se debe a su triunfo en la competición, escogemos aquella que, por selección natural, prueba ser la más apta para sobrevivir. No sólo habrá resistido hasta el momento las contrastaciones más severas, sino que además deberá ser contrastable en la forma más rigurosa. Una teoría es una herramienta que probamos en su utilización, y juzgamos su fortaleza a través de los resultados de su aplicación.[1]

La ciencia no es un sistema de enunciados ciertos o bien establecidos, tampoco es un sistema que avanza continuamente hacia un estado final. Nuestra ciencia no es conocimiento (*episteme*): no puede pretender nunca que ha alcanzado la verdad, ni siquiera un sustituto de ella como la probabilidad. Pero a pesar de que no puede alcanzar ni la verdad ni la probabilidad, la lucha por el conocimiento y la búsqueda de la verdad son todavía los elementos motivantes del descubrimiento científico. No sabemos, sólo podemos conjeturar. Nuestras conjeturas están guiadas por la fe metafísica, no científica en regularidades que podemos sacar a la luz y descubrir. Estas conjeturas atrevidas y maravillosamente imaginativas son cuidadosa y sobriamente controladas mediante contrastaciones sistemáticas. Una vez propuestas, ninguna de nuestras anticipaciones es sostenida dogmáticamente. Nuestro método de investigación no consiste en defenderlas para probar que estamos en lo cierto. *Per contra*, tratamos de refutarlas. Usamos todas las armas lógicas, matemáticas y técnicas para probar que nuestras anticipaciones son falsas. El objetivo es encontrar nuevas y mejores hipótesis con que sustituirlas.

La ciencia progresa proponiendo ideas atrevidas, anticipaciones injustificadas y pensamientos especulativos que son nuestros instrumentos para interpretar la naturaleza, para comprenderla. Debemos apostar. Los que no estén dispuestos a exponer sus ideas frente a la posibilidad de la refutación no participan en el juego de la ciencia. Incluso la cuidadosa contrastación de nuestras ideas mediante la experiencia es a su vez inspirada por ideas: un experimento es una acción planeada en la cual cada paso es guiado por la teoría. No tropezamos con la experiencia, tenemos que ser

---

[1] Karl R. Popper, *The Logic of Scientific Discovery*, London, ed. Hutchinson, 1.977, p. 108.

activos, tenemos que crear nuestras experiencias. Somos nosotros los que proponemos las preguntas a la naturaleza, buscando un claro no o sí.

El viejo ideal científico de la *episteme*, de conocimiento cierto y demostrado, ha probado ser un ídolo. La demanda de objetividad científica implica que todo enunciado científico debe permanecer como tentativo por siempre. Con el ídolo de la certeza, incluyendo la probabilidad, cae uno de los bastiones del oscurantismo que obstaculizaba el avance de la ciencia. No es la posesión del conocimiento, de la verdad irrefutable lo que hace al hombre de ciencia, sino el carácter crítico de la búsqueda de esa verdad. La ciencia no trata de alcanzar el iluso objetivo de respuestas finales o probables. Progresa hacia una meta infinita aunque alcanzable: descubrir nuevos problemas más generales y más profundos, y someter nuestras respuestas siempre tentativas a renovadas y cada vez más rigurosas contrastaciones. El camino de la ciencia es un camino de conjeturas y refutaciones. El progreso de la ciencia depende de la libre competencia del pensamiento, de la libertad, y por lo tanto, dejaría de existir si la libertad es destruida. El progreso del pensamiento es impredecible y como consecuencia también es impredecible el curso de la historia.[2]

En un sistema teórico, podemos distinguir enunciados pertenecientes a varios niveles de universalidad. Los enunciados de un máximo nivel de universalidad son los axiomas, los enunciados de los niveles más bajos pueden ser deducidos de ellos. Los enunciados empíricos del nivel más alto tienen siempre el carácter de hipótesis en relación con los enunciados de nivel más bajo deducibles de ellos: los enunciados de un nivel de universalidad mayor pueden ser refutados por la falsación de los enunciados menos universales. Pero en cualquier sistema deductivo hipotético, estos enunciados menos universales son también enunciados universales. Por lo tanto, deben tener el carácter de hipótesis. Incluso algunos enunciados singulares son hipotéticos en la medida en que se pueden derivar conclusiones de ellos con la ayuda de un sistema teórico, de tal manera que la falsación de estas conclusiones puede refutar los enunciados singulares en cuestión. El modo de inferencia falsador a que nos referimos, la manera en que la falsación de una conclusión implica la refutación del sistema del cual se deriva, es el *modus tollens* de la lógica clásica. Si el enunciado P es derivable

---

[2] *Ibid.*, pp. 278 a 281.

de la teoría T, y si P es falso, entonces la teoría T es también falsa. Utilizando los símbolos lógicos: $[(T {\rightarrow} P) . \bar{P}] {\rightarrow} \bar{T}$. A través de este modo de inferencia refutamos el sistema completo del cual se dedujo el enunciado P, el enunciado falsado. No pude afirmarse de ninguno de los enunciados del sistema que ha sido, o no ha sido, específicamente refutado por la falsación.[3]

Popper considera que la filosofía convencionalista merece gran crédito por haber ayudado a aclarar las relaciones entre teoría y experimento. Los convencionalistas reconocen la importancia, dejada de lado por los inductivistas, del papel que juegan nuestras acciones y operaciones, planificadas de acuerdo a convenciones y al razonamiento deductivo, en la conducción e interpretación de nuestros experimentos. Pero Popper juzga que esta filosofía es inaceptable, en la medida en que demanda para la ciencia una certeza definitiva, por buscar en la ciencia un sistema basado en razones últimas.

En los períodos en los que la ciencia avanza lentamente no se presentarán conflictos entre los científicos convencionalistas y los falsacionistas, pero esto cambiará radicalmente en una etapa de crisis. Cuando el sistema clásico del momento es amenazado por los resultados de nuevos experimentos que pudieran ser interpretados como falsaciones por los científicos Popperianos, el sistema parecerá inconmovible para los convencionalistas. Eliminarán las inconsistencias que puedan aparecer aduciendo nuestra incompetencia en el sistema, o las eliminarán sugiriendo *ad hoc* la adopción de ciertas hipótesis auxiliares, o algunas correcciones a nuestros instrumentos de medida. En períodos de crisis los conflictos sobre los objetivos de la ciencia se volverán agudos. Los Popperianos tendrán la esperanza de hacer nuevos descubrimientos y de ser ayudados en este propósito por un nuevo sistema científico. Pondrán un gran interés en el experimento falsador, lo considerarán como un triunfo por abrir nuevas posibilidades de visión en un mundo de experiencias frescas. Pero la reciente estructura emergente, cuyo atrevimiento admiran los Popperianos, es considerada por el convencionalista como un monumento al colapso de la ciencia.

---

[3] *Ibid.*, pp. 75-76.

La única manera de evitar el convencionalismo es mediante una decisión: la decisión de no aplicar sus métodos. Decidimos que si nuestro sistema es amenazado nunca lo salvaremos con estratagemas convencionalistas. El Popperiano no deberá explotar la posibilidad siempre abierta de intentar alcanzar la correspondencia con la realidad de cualquier sistema. El peligro de las estratagemas convencionalistas consiste en que una adaptación adecuada de las condiciones puede lograr que casi cualquier hipótesis esté de acuerdo con los fenómenos. De esta manera se impediría el progreso del conocimiento. Para evitarlo Popper nos propone una serie de reglas metodológicas. Siempre que encontremos que un sistema ha sido rescatado mediante estratagemas convencionalistas debemos contrastarlo de nuevo y rechazarlo si las circunstancias lo requieren.[4]

Una teoría es denominada empírica o falsable si divide la clase de todos los enunciados básicos posibles en las dos subclases no vacías siguientes: Primero, la clase de todos los enunciados básicos con los cuales es inconsistente, estos son los falsadores potenciales de la teoría. Segundo, la clase de aquellos enunciados básicos que no contradice. Una teoría es falsable si la clase de sus falsadores potenciales no es vacía, y hace afirmaciones sólo acerca de sus falsadores potenciales, afirma su falsedad. Decimos que una teoría es falsada sólo si hemos aceptado enunciados básicos que la contradicen. Esto es condición necesaria pero no suficiente. Un conjunto de enunciados básicos aislados no harán que consideremos como refutada la teoría. Sólo aceptamos la falsación si una hipótesis empírica de bajo nivel que describa tal efecto reproducible es propuesta y corroborada. Estas hipótesis son denominadas hipótesis falsadoras. Si enunciados básicos aceptados contradicen una teoría, sólo la consideraremos falsada si al mismo tiempo corroboran una hipótesis falsadora. La hipótesis refutada debe ser reemplazada por una mejor.[5]

Las teorías pueden ser más o menos contrastables y el grado en que pueden ser contrastadas es importante para su selección. Si la clase de los falsadores potenciales de una teoría es mayor que la de otra, habrá más oportunidades de que la primera teoría sea refutada por la experiencia, la

---

[4] *Ibid.*, pp. 80 a 82.

[5] *Ibid.*, pp. 86-87.

primera teoría tiene un grado de falsación mayor que la segunda. Esto significa que la primera teoría dice más acerca del mundo de la experiencia, porque prohíbe un número mayor de enunciados básicos. La cantidad de información empírica aportada por una teoría, o su contenido empírico, aumenta con su grado de falsabilidad.

El objetivo de la ciencia teórica es obtener teorías que sean fáciles de falsar. Su meta es restringir el ámbito de los sucesos permitidos a un mínimo, hasta un punto en el cual cualquier restricción adicional conducirá a una falsación empírica de la teoría. Una teoría como ésta describirá nuestro mundo particular de una manera tan exacta como sea posible, discernirá el mundo de nuestra experiencia de la clase de todos los mundos lógicamente posibles con la mayor precisión alcanzable por la ciencia teórica. Todos los sucesos que observamos, y sólo estos, serán caracterizados como permitidos.[6]

Una de las ideas más importantes propuestas por Popper es la del contenido empírico o informativo de una teoría. Llamaríamos leyes a las leyes de la naturaleza porque mientras más prohíben, más nos dicen. El contenido o falsabilidad de una teoría puede tener grados, lo que relativiza la idea de falsabilidad, cuya base lógica es el *modus tollens*. El objetivo de la ciencia, el aumento del conocimiento, puede ser identificado con el aumento del contenido de nuestras teorías.[7]

Un sistema debe ser descrito como del grado más alto de complejidad si, de acuerdo con la práctica convencionalista, uno se aferra a él como si fuera una teoría establecida para siempre a la cual se está determinado a rescatar cada vez que se encuentre en peligro, mediante la introducción de hipótesis auxiliares. Un sistema protegido de esta manera tiene un grado de falsabilidad cero. Esto nos conduce al principio de parsimonia en el uso de hipótesis: el principio que restringe el uso de hipótesis auxiliares e hipótesis *ad hoc*. Podemos comparar la falsabilidad de diferentes teorías sólo si algunos

---

[6] *Ibid.*, pp. 112-113.

[7] *Ibid.*, p. 135.

de los problemas que pretenden resolver coinciden. Las hipótesis *ad hoc* no pueden ser comparadas de esta manera.[8]

Si en su confrontación con la realidad una teoría pasa el examen, se dice que ha sido corroborada. Lo cual significa que en esa oportunidad sobrevivió, pero puede ser refutada en la siguiente contrastación. El grado de corroboración de una teoría no es determinado tanto por el número de corroboraciones como por la severidad de las contrastaciones a las que la teoría puede ser, y ha sido, sometida. Pero la severidad de la confrontación depende a su vez del grado de contrastabilidad. De donde que, la hipótesis que es falsable en mayor grado, es también la más corroborable. Por supuesto, el grado de corroboración no depende sólo del grado de falsabilidad: un enunciado puede ser muy falsable y poco corroborado, o incluso falsado. No se puede continuar dándole un grado positivo de corroboración a una teoría que ha sido falsada por un experimento contrastable intersubjetivamente basado en una hipótesis falsadora. Una falsación intersubjetivamente contrastable es considerada como final. Por lo tanto, existe una asimetría entre la verificación y la falsación de una teoría, la corroboración nunca es final. El conjunto de observaciones metodológicas enunciadas hasta aquí presenta el desarrollo histórico de la ciencia como un proceso de aproximaciones sucesivas.

Un grado positivo de corroboración puede ser reemplazado por uno negativo, pero no *vice versa*. En la historia de la ciencia siempre es la teoría y no el experimento, siempre la idea y no la observación, la que conduce al conocimiento nuevo. Pero es siempre el experimento el que impide que se siga un camino sin destino, ayuda a dejar la ruta y presenta el reto de encontrar nuevos caminos.[9]

El crecimiento continuo es esencial al carácter empírico y racional del conocimiento científico, si la ciencia deja de progresar pierde ese carácter. Es la forma de su crecimiento lo que hace a la ciencia racional y empírica, la manera en que los científicos discriminan entre las teorías existentes y escogen la mejor o la forma en que dan razones para rechazar todas las

---

[8] *Ibid.*, p. 145.

[9] *Ibid.*, pp. 267-268.

teorías presentes, sugiriendo algunas de las condiciones que una teoría satisfactoria deberá cumplir. Lo importante es la continua refutación de las teorías científicas y su reemplazo por mejores teorías. El examen crítico de las teorías nos conduce a contrastarlas y a refutarlas, esto a su vez lleva a un tipo de experimentación y a observaciones que nadie hubiera soñado sin la guía y el estímulo tanto de las teorías como de la crítica que de ellas hacemos. Los experimentos y observaciones más interesantes son cuidadosamente diseñados para contrastar las teorías, especialmente las nuevas.

Dada la naturaleza infinita de nuestra ignorancia, el progreso de la ciencia nunca se detendrá. La historia de la ciencia, como la historia de las ideas en general, es una historia de sueños irresponsables, de obstinación y de error. Pero la ciencia es la única actividad humana en la cual los errores son criticados sistemáticamente y corregidos. En la ciencia se aprende de los errores y por eso se progresa. El cambio existe en otras actividades humanas, pero rara vez progreso. En otros campos ni siquiera se sabe cómo evaluar el progreso. No obstante, en la ciencia existe un criterio de progreso, incluso antes de que una teoría sufra una contrastación empírica se puede decir, en el caso de que pase ciertos exámenes, si constituye un avance en relación con las teorías vigentes. Se conocen las características de una buena teoría científica, e incluso antes de ser contrastada se podría saber qué tipo de teoría sería todavía mejor, en la medida en que pase ciertos exámenes cruciales. Es este conocimiento metacientífico el que permite que se hable de progreso en la ciencia y de escogencia racional entre teorías. Existe un criterio para determinar el potencial progresivo o cuán satisfactoria es potencialmente una teoría con relación a otras, el cual puede ser aplicado antes de saber que es de hecho satisfactoria. Se preferirá la teoría que diga más, la que contenga mayor información empírica o contenido, que sea lógicamente más fuerte, que tenga el poder explicativo y predictivo mayor, y que por lo tanto, pueda ser más severamente contrastada. Todas estas propiedades se pueden resumir diciendo que se debe preferir la teoría que posea un mayor grado de contenido empírico o que sea más contrastable. (10)

(10) Karl R. Popper, *Conjectures and Refutations*, London, ed. Routledge and Kegan Paul, 1.976, pp. 215 a 217.

El criterio de satisfactoriedad potencial es la contrastabilidad o la improbabilidad: sólo una teoría altamente contrastable o improbable merece ser contrastada. El progreso es hacia teorías más informativas y por lo tanto, lógicamente menos probables, hacia teorías que sean más severamente contrastables porque hacen predicciones que, en un sentido puramente lógico, son más fáciles de refutar. Una teoría que no es refutada mediante la contrastación de sus nuevas predicciones atrevidas e improbables, se dice que es corroborada por estas severas contrastaciones.

El énfasis en el cambio del conocimiento científico, sobre su crecimiento o su carácter progresivo, puede ser contrastado con el ideal de la ciencia como un sistema deductivo axiomatizado. Este ideal ha dominado la epistemología Europea desde los *Elementos* de Euclides. Una epistemología que considera la construcción de un sistema deductivo axiomatizado como el objetivo de la actividad científica. No obstante, estos sistemas deductivos son sólo escalones en nuestra búsqueda de un conocimiento científico más rico y más contrastable. Las consecuencias de las teorías tienen que ser desarrolladas deductivamente, pero no es el carácter deductivo del sistema lo que hace que una teoría sea racional o empírica, sino el que la podamos examinar críticamente. La racionalidad de la ciencia se fundamenta en la escogencia reflexiva de la nueva teoría, más que en su desarrollo deductivo. Es el procedimiento crítico el que contiene tanto el elemento empírico como el racional de la ciencia.

El camino de la ciencia es un camino problemático, progresa de problemas a problemas cada vez más profundos. Una teoría científica es un intento de resolver un problema, y es a través de los problemas que se adquiere la conciencia de sostener una teoría. Es el problema el que reta a aprender, a avanzar en el conocimiento, a experimentar y observar. La ciencia comienza con problemas y no con observaciones. El crecimiento del conocimiento empieza y termina con problemas, problemas cada vez más complejos. El progreso en la ciencia significa un avance hacia teorías más interesantes, menos triviales y por lo tanto menos probables. Progreso hacia teorías menos familiares, menos confortables o plausibles.[11]

---

[11] *Ibid.*, pp. 219 a 222.

La existencia de un conocimiento básico (*background knowledge*) tiene un papel importante en uno de los argumentos que apoyan la tesis de que el carácter racional y empírico de la ciencia desaparecería si dejara de progresar. Una contrastación empírica seria consiste siempre en el intento de encontrar una refutación, un contraejemplo. En la búsqueda de un contraejemplo tenemos que usar nuestro conocimiento básico. Si la teoría es corroborada, el conocimiento obtenido entra a formar parte del conocimiento básico y si esto se repite con frecuencia se alcanzará una teoría muy difícil de refutar. Imperaría una ley de rendimientos decrecientes para las contrastaciones sucesivas, a menos que aparezca un nuevo tipo de contrastación. Esto explica por qué el carácter empírico de una teoría exitosa se debilita con el tiempo. La teoría se convierte en un conjunto de definiciones implícitas o convenciones hasta que se progresa refutándola y restableciendo su carácter empírico perdido. Una vez que es refutada, el carácter empírico de la teoría es asegurado y brilla sin mancha.[12]

Normalmente se considera la refutación de una teoría como el fracaso de un científico, o por lo menos de su teoría. Esto es un error inductivista. Cada refutación constituye un gran éxito, no sólo para el científico que refuta la teoría, sino también del científico que creó la teoría refutada y quien sugirió indirectamente el experimento refutador. No obstante, para que el progreso de la ciencia continúe y no decline su racionalidad, se necesitan no sólo refutaciones, sino también éxitos positivos. Las teorías emergentes deben implicar nuevas predicciones, nuevas consecuencias contrastables y nunca antes pensadas. Algunas de estas recientes predicciones deben ser corroboradas por la evidencia experimental para que continúe el progreso científico. Sólo a través del triunfo temporal de las teorías se pueden refutar partes específicas del laberinto teórico. Una cadena ininterrumpida de teorías refutadas dejaría a los científicos sumidos en la desesperación: no podrían discernir qué partes de sus teorías o de su conocimiento básico son responsables por la falla de la teoría.[13]

Es a través de las teorías que se aprende a observar, a hacer preguntas que conduzcan a observaciones y a su interpretación. Esta es la forma en

---

[12] *Ibid.*, p. 240.

[13] *Ibid.*, pp. 243-244.

que crece el conocimiento observacional. Las preguntas pueden ser cruciales en el sentido de conducir a respuestas que permitan decidir entre teorías rivales. Lo que hace a la ciencia racional es el crecimiento del conocimiento, la forma de escoger entre diferentes teorías en una situación problemática dada. Equiparando la racionalidad con la actitud crítica, se buscan teorías falibles pero que signifiquen un progreso frente a sus predecesoras: que puedan ser contrastadas más severamente y soportar algunas de las nuevas contrastaciones. La racionalidad de una teoría consiste en que es escogida por ser considerada mejor que las anteriores, en que se puede contrastar de una manera más severa, porque incluso puede pasar esas contrastaciones y por lo tanto puede estar más cerca de la verdad. Una teoría dice más acerca de los hechos observables cuantos más hechos observables prohíba, cuanto mayor sea el número de hechos observables incompatibles con ella. El contenido empírico de una teoría está determinado por la clase de los enunciados observacionales o enunciados básicos que contradicen la teoría. Un enunciado básico que contradice la teoría T es un falsador potencial de T. El contenido empírico de T está constituido por la clase de sus falsadores potenciales.[14]

No se puede negar el carácter original, atractivo y novedoso de las ideas de Popper. El que los científicos sueñen con refutar sus teorías, el que éstas sean canonizadas como realmente empíricas sólo en el momento en que perecen. El que la ciencia necesariamente tenga que progresar para probar su racionalidad y que nunca podamos alcanzar la tierra prometida de la verdad y la certeza. Que la *episteme* sea un anatema. Que la historia de la ciencia esté o deba estar constituida por una cadena ininterrumpida de revoluciones. Que el científico sea un ser eminentemente crítico y por lo tanto ajeno a todo dogmatismo. La independencia y objetividad del mundo tres. Estas ideas deben haber sonado muy extrañas e incluso paradójicas a los filósofos de la ciencia cercanos al Círculo de Viena o al positivismo lógico, y también al lego. Hoy en día, por el contrario, parecen formar parte del sentido común. Las ideas más extrañas se vuelven normales con el paso del tiempo a fuerza de ser repetidas una y otra vez, no necesariamente porque exista un convencimiento racional. Numerosos ejemplos de este proceder los puede encontrar quienquiera que hurgue en la historia de las

---

[14] *Ibid.*, p. 385.

matemáticas, paradigma de racionalidad. No obstante, cabe preguntarse si la descripción que hace Popper de la lógica de la investigación científica se corresponde o no con la práctica de la ciencia tal y como la conocemos. Aquellos que se escuden bajo la égida de la distinción entre contexto de descubrimiento y contexto de justificación, deberán explicar en qué medida la lógica propuesta por Popper se adecua, por lo menos, al desarrollo de la historia interna de la ciencia. Si éste no es el caso, cuáles serían las propiedades explicativas de dicha lógica, en qué consistiría su utilidad. Si se sostiene que el modelo no es positivo sino normativo, que no describe sino que propone una nueva moral para el científico, deberán presentarse argumentos convincentes que demuestren la bondad de esta nueva manera de hacer ciencia *vis a vis* la forma en que tradicionalmente se ha desarrollado esta actividad. Pareciera que la lógica propuesta por Popper describe mejor otro tipo de actividades, como las filosóficas, en los tiempos en que se hacía filosofía.

Para que una teoría sea contrastable necesita una doble articulación, primero en el plano lógico y luego en el empírico. A partir de los axiomas y de los teoremas obtenidos a través de la aplicación de las reglas de transformación, se derivan enunciados de un nivel más bajo de generalidad, hasta llegar a enunciados que pueden ser directamente contrastables. Este proceso requiere de mucho tiempo y dedicación, además de imaginación creativa, y sobre todo que el científico crea en la teoría, que tenga fe en su poder explicativo, si no por qué asumir una tarea tan difícil y problemática. Pero creer en el potencial explicativo de una teoría es un pecado para Popper, quien considera que el científico debe proponerse el derrumbe de la misma.

Por otra parte, nos encontramos con el dilatado proceso temporal, con los muchos años necesarios para ingresar en algunas de las elitescas y altamente especializadas comunidades científicas en cuyo seno se realizan los espectaculares avances de la ciencia tan caros a Popper. Hay que pasar por un largo período de aprendizaje para poder manejar el lenguaje básico de la ciencia, el instrumental matemático, las teorías específicas al campo de especialización, las técnicas de experimentación, etc. Cómo puede aprenderse a manejar todo lo anterior, si el educando pierde su tiempo criticando y no cree en lo que le están enseñando, por principio, so pena de convertirse en un dogmático irracional. Además, para hacer una crítica significativa necesitamos una teoría nueva alternativa, ¿de dónde saldría esta teoría? La primera teoría funciona como guía y condición de posibilidad de aquella que va a contribuir a su derrumbamiento. Dejar una teoría existente antes de que surja una mejor que la sustituya sí constituiría un acto irracional. Imagínense que hubiera ocurrido si los matemáticos del siglo XIX hubieran rechazado su instrumental al percatarse del precario estado en que se encontraba la fundamentación lógica de sus teorías. Por el contrario, asumieron una actitud perfectamente racional, surgió lo que se ha denominado el movimiento crítico en las matemáticas. Este movimiento se propuso construir los caminos que hicieran falta y reconstruir aquellos en que existieran vaguedades, anfibologías, paradojas o contradicciones. Es interesante constatar que iniciaron su trabajo de fundamentación lógica por el cálculo, lo cual es equivalente a comenzar por el piso veinte la refacción de un edificio que tiene problemas estructurales a partir de los pilotes o bases. Pero de todas maneras se hizo lo correcto, aunque debieron haber comenzado por aquellos campos de las matemáticas presupuestos por el cálculo. La fundamentación lógica no tuvo como principio ni los sistemas numéricos ni la geometría, debido a que su milenario y efectivo uso los hacía confiables. Como dijimos antes, el prolongado uso en el tiempo a veces se constituye en justificación lógica, incluso en las matemáticas, y aquel que ose cuestionar los usos tradicionalmente aceptados será acusado de inmadurez.

La mayoría de los epistemólogos e historiadores contemporáneos están de acuerdo en que la ciencia no avanza sólo en forma continua, existen revoluciones, pero el modelo de Popper parece implicar una revolución permanente, no aceptar este punto de vista lo convierte a uno, *eo ipso,* en un ser irracional, y si la ciencia no progresa de esta manera deja de ser empírica. La investigación científica produciría nuevas y mejores teorías en forma incesante, una teoría final es impensable e inaceptable. No obstante, estudiosos como Stephen Hawking piensan lo contrario, incluso dicen conocer las características que tendrá esta teoría final, como veremos más adelante. Son las teorías de gran unificación, difíciles de contrastar directamente porque se necesitan niveles energéticos inalcanzables en el presente, pero sí es posible contrastar implicaciones derivadas de ellas a niveles más bajos de energía.

Aunque Popper sostiene que la ciencia no es *episteme*, no es verdadera ni cierta en el sentido Aristotélico de la *adequatio*, y por lo tanto, la estructura pintada por los modelos de la ciencia no tiene un *status* ontológico, la creencia en que éste sí es el caso ha sido uno de los acicates más importantes para el avance de la ciencia, como vimos en los capítulos dedicados a la historia de las matemáticas y como mostraremos más adelante cuando estudiemos las propuestas de Hawking y el caos. La creencia en el *status* ontológico de la estructura es una idea que subyace al pensamiento de casi todos los grandes investigadores en la historia de la ciencia. Popper puede descartarla aduciendo que forma parte del contexto de descubrimiento y no del de justificación, considerar su inclusión en la investigación metodológica como mero sicologismo, pero aceptar esto sería deformar innecesariamente la lógica interna del proceso investigativo. El hecho de que no se haya podido encontrar esa estructura hasta el presente, no niega la posibilidad lógica de que sí lo logremos en el futuro. De ser así, la humanidad habría dado un gigantesco paso porque podría volverse sobre sí misma y reencontrarse con su espíritu otrora perdido.

Popper traslada la lucha por la verdad y el conocimiento a un nivel metafísico, lo cual es importante y muchos de sus seguidores parecen no tenerlo en cuenta, ya que hace falible al propio falsacionismo que tendría que confrontar en lucha abierta las propuestas metodológicas alternativas. Pero si la historia de la ciencia tanto en el pasado como en el presente muestra la existencia de estos valores como formando parte de la investigación científica, podríamos preguntarnos por el propósito de esta sutil distinción o más bien traslado del problema del ámbito científico al metafísico. No será un intento forzado de introducir el prejuicio liberal en una práctica que no lo contempla sino en momentos particulares, y escasos en las ciencias maduras, de crisis y no en la mayor parte de la investigación científica.

Para Popper la creencia en el *status* ontológico de la estructura es una fe metafísica y no una actitud científica, a pesar de haber sido un aliciente fundamental para el avance de la ciencia. El movimiento crítico en las matemáticas, iniciado en las primeras décadas del siglo XIX, sostuvo una opinión similar. Pero en el presente la posición ha vuelto a cambiar como nos lo muestran hoy Hawking y las teorías del caos, y a comienzos de siglo, Einstein con su famoso *dictum* de que Dios no juega a los dados.

La pérdida de la fe en el *status* ontológico de la estructura trajo como consecuencia la transición de una fundamentación de las matemáticas sobre la base de la verdad a una nueva fundamentación articulada a partir de la idea de consistencia o compatibilidad lógica. El concepto de un isomorfismo estructural entre teoría y realidad, *ordo et conexio idearum idem est at ordo et conexio rerum*, es sustituido por la noción de una estructura lógicamente consistente. Al comenzar el siglo XIX tres hombres emprendieron la tarea de rigorizar el cálculo: Bernhar Bolzano, Niels Henrich Abel y Augustin-Louis Cauchy. Se conjugaron varias razones para esto, la pérdida paulatina y creciente de la fe en la verdad de las matemáticas, debida al debilitamiento de la idea de que Dios había creado al mundo dotándolo con una estructura matemática, consecuencia en gran parte del intento fallido de aplicar el tipo de razonamiento matemático en otras áreas del saber: ética, religión, política, a las cuales se pretendió estructurar *more geométrico*. La situación problemática se agravará posteriormente con el surgimiento tanto de nuevas álgebras como de nuevas geometrías. ¿Cuál es la verdadera? ¿Cuál es la que describe con certeza la estructura real del universo o de los fenómenos naturales? Estaba claro que no podían ser todas verdaderas al mismo tiempo y por lo tanto, se necesitaba un nuevo criterio de justificación para la fundamentación lógica del conocimiento, el propuesto y asumido, como dijimos antes, fue el de compatibilidad o consistencia lógica. Es importante destacar que la tarea de rigorización lógica comenzó por el cálculo, el cual presupone tanto el sistema de los números reales como el álgebra, ninguno de los cuales estaba fundamentado lógicamente. Esto se debió a que para 1800 los varios tipos de números se habían hecho tan familiares que a pesar de no tener un basamento lógico no existía preocupación acerca de la seriedad de sus propiedades. La geometría Euclidea también había sido cuestionada, pero no se habían encontrado dificultades en su aplicación, dos milenios de uso aseguraban lo que la lógica no había podido demostrar. Mientras el cálculo que es el núcleo central del cual se deriva el análisis matemático presentaba pruebas deficientes, paradojas, contradicciones y no todos sus resultados eran confirmados por la experiencia.

En el presente, físicos como Steven Weinberg y Hawking reinciden en la sempiterna creencia en el *status* ontológico de la estructura, también lo hacen los proponentes de la geometría fractal. Pareciera que esta fe va y vuelve dependiendo del estado en que se encuentren las relaciones entre las estructuras teóricas y los fenómenos naturales que pretenden explicar. Cuando la semejanza entre modelos y realidad es grande la fe es fuerte, en la medida en que se desvanece la adecuación también se debilita con ella la fe. Lo anterior luce absolutamente racional.

Popper compara el juego ciencia con los juegos de azar y nos dice que el buen científico debe apostar y apostar fuerte, más que eso, sus planteamientos implican que debe intentar perder, ya que le exige que debe buscar con todos los medios a su alcance la refutación de su propia teoría o aquella en la que fue entrenado, y que por ningún motivo debe tener fe en ella. Cabe preguntarse hasta que punto un ser racional va a dedicar gran parte de los mejores años de su vida para aprehender una teoría o conjunto de ellas sólo para intentar su posterior refutación. Si se quiere apostar significativamente en el juego de la ciencia hay que saber, y la adquisición de ese conocimiento conlleva muchos años de aprendizaje. Luego nos encontramos con el problema de la articulación o mejoramiento de ese saber y posteriormente, su contrastación empírica, aunque de hecho estas fases son sólo en el plano lógico, en el tiempo se dan conjuntamente. Este proceso puede durar años, incluso siglos, cómo podría ser llevado a cabo si los científicos no creyeran en los instrumentos que les sirven de guía, la fe en el *modus tollens* no es suficiente para justificar tanto trabajo.

Popper define al científico como crítico, ¿por qué? Es que el entrenamiento recibido por los científicos, su práctica cotidiana o la historia de la ciencia así nos los muestran. Pensamos que no. Por el contrario, nos encontramos con paradigmas que dominan el escenario de la ciencia durante extensos períodos de tiempo tanto en el pasado como en el presente, interrumpidos en escasas pero significativas ocasiones por revoluciones. Plantearnos la alternativa en términos de *episteme* o crítica como lo hace Popper sería asumir una posición maniquea trivial, al estilo de los personajes de las telenovelas o mediocres películas que son siempre buenos o malos sin mediaciones, y todo lo ven blanco o negro sin matices. Donde además desde el mismo comienzo sabemos quién desempeña cada papel, en el caso que nos ocupa el bueno sería el crítico investigador Popperiano, mientras que el malo estaría caracterizado por el dogmático, convergente e irreflexivo científico normal descrito por Kuhn.

En el presente, la imagen crítica del científico es un estereotipo ampliamente aceptado y sería interesante estudiar cómo llegó Popper a ella, aunque dicha investigación trasciende los límites de este trabajo. La actitud de Popper era comprensible y hasta plausible en el momento en que presentó por primera vez sus ideas de una manera sistemática en los años treinta, pero la aceptación en la actualidad del científico crítico como paradigma *vis a vis* la investigación tanto historiográfica como epistemológica es inaceptable. Equivale a la sustitución de un prejuicio por otro, la crítica sustituye a la *episteme*, cambiamos simplemente de ídolo. El planteamiento intelectual es demasiado fácil, debemos recordar el *dictum* presocrático de que las cosas bellas son difíciles. También debemos tener presente que un estudiante de la Bauhaus era capaz de discernir más de cuarenta tonos de grises entre el blanco y el negro. Nuestra propuesta metodológica no aceptaría la *episteme* en el sentido que le da Popper, ni tampoco su estilo de crítica. Propondríamos matizar, *nuancer*, rumiar, a los pensadores contemporáneos como actitud frente al universo y a la vida misma. Un lenguaje pleno de mediaciones significativas para evitar el cierre del universo del discurso, el grado cero de la escritura y el carácter unidimensional de la existencia.

La idea de que nuestras teorías son tentativas por siempre es atractiva y lógicamente inteligente, pero pareciera que Weinberg, Hawking y sus colegas se cansaron de ella. Todos tenemos la ilusión de que la actividad en que nos ocupamos por elección propia es bella y debería ser el modelo a seguir en las demás tareas realizadas por el resto de los comunes bípedos implumes, pero no debemos confundir nuestros sueños con la realidad, lo que sólo es un *desiderátum,* con lo que realmente es. Esto es la condición de posibilidad de una actitud inteligente frente a la naturaleza y todavía más ante la vida en general. La confusión de estos planos ha llevado a Popper a proponernos una actitud que no existe ni siquiera en las matemáticas y la física, como modelo a seguir en nuestras investigaciones de lo social. Pensamos que los problemas tanto de las ciencias naturales como de las sociales y de la vida son mucho más complejos e interesantes que aquello que nos muestra el modelo Popperiano. No obstante, el hecho mismo de la difusión y aceptación o triunfo de sus ideas, hace necesario su estudio como forma de comprensión del mundo que nos rodea, en sus dos aspectos: natural y social.

Algunas de las intuiciones y planteamientos de Popper son agudos e importantes, un ejemplo sería su crítica al historicismo, basada en que el progreso del pensamiento es impredecible y, por lo tanto, lo es también el curso de la historia. Pero comete el mismo error que le critica a Hegel y los Marxistas. Asociar el pensamiento y la historia es una actitud *naïve*, más bien pareciera que el mundo de las ideas, el mundo del espíritu y la historia de las sociedades transitaran caminos distintos por no decir opuestos. La misma utilización del vocablo camino aplicado a la historia nos parece una exageración. Otro punto importante es su unión del progreso con la libertad de competir en el mercado de las ideas. No es necesario resaltar la relación existente entre estas nociones y las imperantes hoy día en el plano económico y político, ya que el propio Popper conjuntamente con su compatriota y amigo Friedrich A. Hayek ha contribuido enormemente a hacer de ellas parte fundamental de la cultura intelectual dominante. Pero pensamos que en el presente, cuando esta concepción liberal domina hasta unos niveles unidimensionales sin precedentes debido tanto al poder inmenso que se le asocia en el plano económico como a su difusión masiva y repetida incesantemente a través de los medios de comunicación, una actitud crítica debería desmenuzar, separarse negativamente de esta concepción, y no afirmarla y reafirmarla como hacen la mayoría de los intelectuales en la actualidad.

Popper sostiene que la falsación de una conclusión de una manera intersubjetivamente contrastable y repetible con la ayuda de una hipótesis falsadora implica la refutación del sistema teórico, y considera que toda articulación lógica que pretenda salvar la teoría de los choques de la experiencia es *eo ipso* una estratagema convencionalista e indicio de deshonestidad intelectual. Si lo anterior fuera el caso no hubieran existido ninguno de los grandes sistemas teóricos de la historia de la ciencia, todos hubieran nacido refutados, o más bien, si fuéramos estrictamente Popperianos nunca hubieran nacido. Newton, por ejemplo, estaba perfectamente consciente de las incompatibilidades entre su teoría y algunas observaciones e intentó resolverlas, pero si hubiera sido un Popperiano nunca hubiera hecho público su sistema. Einstein por su parte, al estar en desacuerdo con la implicación derivable de su teoría de la relatividad general de un universo no estático introdujo la constante cosmológica. Como podemos ver por los ejemplos anteriores y se pudieran citar muchos más, el fenómeno ciencia es bastante más complejo que cualquier reconstrucción racional justificacionista que pretendamos hacer de él. Si no deseamos que nuestra reconstrucción racional sea una caricatura, debemos incluir en nuestro análisis una serie de elementos excluidos por Popper y sus acólitos. Bajo la presión de las críticas Kuhnianas y afines, Lakatos propone algunos criterios metodológicos que pretenden salvar la distancia entre la propuesta original de Popper y la historia de la ciencia. Como muestra tenemos sus criterios para determinar lo que él denomina un cambio problemático progresivo frente a uno degenerativo.

Si estudiamos estas discusiones epistemológicas como una manera de comprender mejor ese complicado objeto que es la práctica científica nuestra actitud es encomiable, pero pretender que los científicos hayan seguido o deban seguir los criterios metodológicos propuestos por los filósofos de la ciencia es absolutamente extemporáneo. Los investigadores han hecho ciencia, incluso matemáticas puras, y las seguirán haciendo siguiendo sus propias intuiciones y criterios de rigor los cuales varían con el tiempo. Estos criterios surgen y cambian intermitentemente como resultado del mismo proceso de estudio, no han sido ni serán impuestos desde fuera en lo que se refiere a las matemáticas y a las ciencias naturales. Pero las ciencias sociales parecen no haber salido nunca de su complejo de inferioridad frente al enorme y continuo avance de las ciencias naturales. Este complejo ha traído como consecuencia la importación o extrapolación de técnicas, criterios y métodos sin que se hayan comprobado los necesarios isomorfismos estructurales en los diferentes campos. Pensamos que lo anterior constituye una de las debilidades fundamentales de las ciencias humanas.

En su crítica a los convencionalistas se percibe fácilmente el prejuicio revolucionario de Popper, la ciencia avanza con rapidez sólo cuando una teoría es refutada y sustituida por otra, el trabajo normal del científico es visto como una tarea de hormigas, poco atractivo, repetitivo y lento. Pero esta asociación entre rapidez y revolución no es más que una sinonimia no fundamentada por Popper, implica un razonamiento circular, una tautología, no nos dice nada acerca del fenómeno ciencia. Lo que obtenemos es una comprensión del punto de vista de Popper de que los cambios revolucionarios en la historia de la ciencia son los únicos que promueven un rápido progreso o avance. En este punto es importante destacar que Popper afirma que no se puede refutar ni comprobar un enunciado aislado, sólo podemos refutar el sistema completo, nunca comprobarlo.

Se pueden ver claramente los epítetos derivables de una propuesta metodológica como la de Popper *vis a vis* su contrapartida Kuhniana: científico crítico, revolucionario, cibernético, científico Popperiano;

convencionalista, dogmático, reaccionario, lento, dinosaurio, jurásico, científico Kuhniano. Lo dicho hasta aquí nos permite entender por qué en el ambiente intelectual, sobre todo entre los legos la obra de Kuhn fue asumida como la propuesta de una ciencia revolucionaria y una crítica a la enseñanza tradicional de la ciencia, cuando en realidad Kuhn lo que destaca es precisamente lo opuesto y lo verdaderamente novedoso es su concepto de ciencia normal. *Per contra*, para los Popperianos entendidos y la comunidad epistemológica, en general, los escritos de Kuhn constituyeron más bien un frío baño de agua que cuestionaba la tan querida, paradigmática y romántica imagen que habían construido sobre la base de las ideas de Popper.

En el momento de su aparición, cuando todavía el marxismo tenía fuerza en algunos ambientes intelectuales principalmente entre sociólogos y economistas, los trabajos de Kuhn les parecieron la alternativa revolucionaria frente a la propuesta metodológica de Popper, quien como es sabido había producido reiteradas críticas al Marxismo y al Psicoanálisis por su carácter no científico, en otras palabras, por no cumplir con los requerimientos del falsacionismo metodológico. Por su parte, Kuhn siempre se ha extrañado de la aceptación, utilización e interpretación de su pensamiento realizada por los intelectuales de izquierda.

Popper pareciera no darse cuenta de que si la actividad científica se adecuara a sus criterios metodológicos, a su descripción normativa, la ciencia se encontraría en una crisis continua. No percibe la necesidad de la ciencia normal al estilo Kuhniano como condición de posibilidad del avance característico de la ciencia madura, las operaciones de limpieza y articulación lógica son consideradas como tareas rutinarias, lentas y que no requieren de gran imaginación. Popper sí ve con claridad que la teoría T es la guía que nos permite encontrar el falsador o conjunto de falsadores potenciales que ocasionarán el surgimiento de la teoría T2 y la refutación de T1. Esto es sumamente importante, en su cadena: $P1 \rightarrow T1 \rightarrow EE \rightarrow P2 \rightarrow T2$, donde P es problema, EE eliminación de errores y T teoría, no es posible llegar a T2 sin T1. Lo anterior implica que no hay manera de obtener una experiencia significativa desde el punto de vista gnoseológico sin la ayuda de una teoría.

La crítica previa al convencionalismo y su prejuicio revolucionario hacen que Popper considere la ciencia normal de Kuhn como un conjunto de estratagemas convencionalistas, pero si matizamos su anterior esquema y analizamos el enorme trabajo a realizar para pasar de T1 a T2 nos damos cuenta de que al plantearse Popper el problema del progreso de la ciencia como foco de atención principal en la investigación metodológica, frente al tradicional de la estructuración lógica deductiva de las teorías como criterio de racionalidad, abrió el camino para las propuestas de Kuhn, Lakatos, Toulmin y Paul Feyerabend, entre otros. La diferencia entre estos autores y Popper estriba en lo sofisticado del instrumental de análisis teórico, la práctica científica es escrutada con lentes que poseen un aumento cada vez mayor. Extremando la potencia del microscopio llegamos a la posición de Toulmin, si radicalizamos el prejuicio revolucionario de Popper obtenemos como resultado el anarquismo metodológico de Feyerabend. Popper es el maestro y guía o base referencial de la filosofía de la ciencia actual, así como el círculo de Viena y el positivismo lógico lo habían sido con anterioridad.

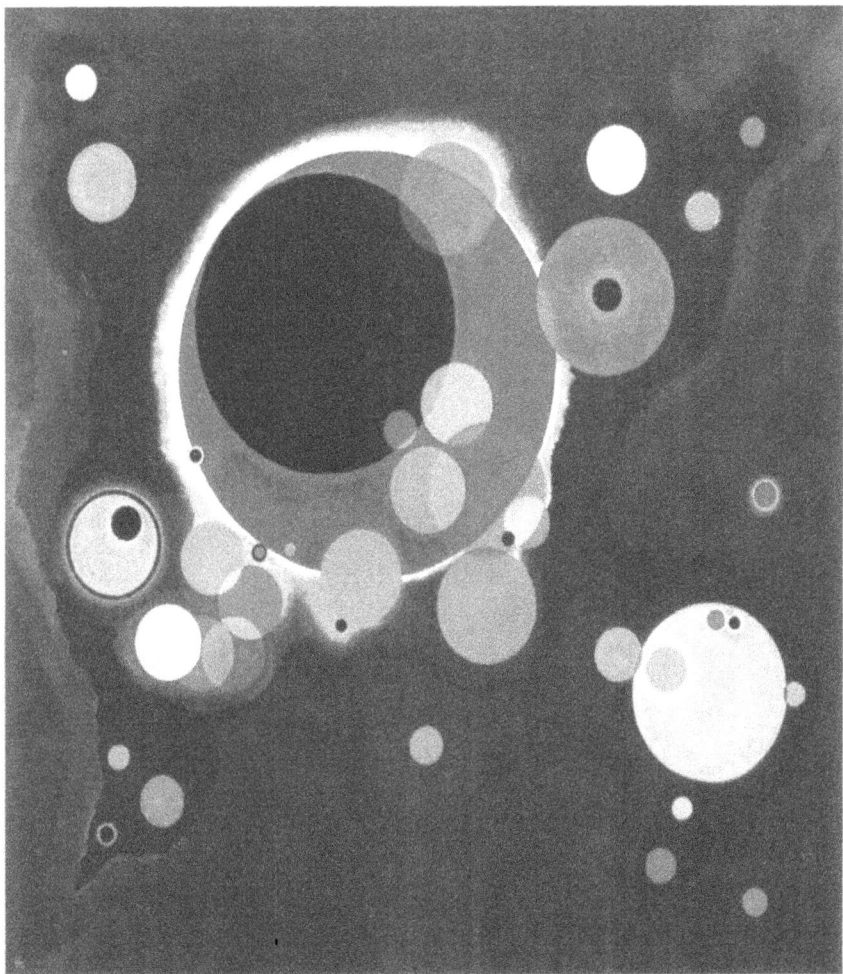

Wassily Kandinsky *"Several Cicles"*

CAPITULO VI

El big bang y los agujeros negros, ¿Ciencia normal o revolución?

Un problema epistemológico fundamental es el del *status* ontológico de la estructura de las teorías científicas. Este problema ha sido abordado en diferentes puntos a lo largo de este trabajo, en el presente capítulo estudiaremos lo que los físicos tienen que decirnos en relación con este tema *vis a vis* lo que los filósofos de la ciencia sostienen. El punto en discusión es el de la adecuación entre la estructura dibujada por nuestros modelos teóricos y la estructura de la realidad. De las propuestas metodológicas de la mayoría de los filósofos de la ciencia actuales pareciera inferirse que las estructuras de las teorías físicas no tienen *status* ontológico, la estructura de la naturaleza sería incognoscible, tal como la cosa en sí Kantiana. En contraposición con estos planteamientos, investigando lo que científicos como Einstein, Steven Weinberg y Hawking piensan sobre sus aportaciones teóricas, nos encontramos con la reiterada afirmación de que sus modelos describen o están cercanos a poder aprehender la estructura última de la naturaleza. Esta posición está íntimamente relacionada con lo visto anteriormente en el capítulo sobre la historia de las matemáticas y podría ser resumida en el *dictum* Cartesiano *ordo et conexio idearum idem est at ordo et conexio rerum*. Es importante destacar que uno de los pensadores más originales e inteligentes del siglo XX, uno de los creadores de la lógica matemática, el filósofo austríaco Ludwig Wittgenstein mantiene una similar actitud en su *Tractatus Logico-Philosophicus*. Las proposiciones matemáticas pintan, *bild* en alemán, la naturaleza, la estructura sintáctica de las proposiciones matemáticas reflejaría la estructura del mundo que pretenden describir. La proposición puede ser verdadera o falsa sólo en cuanto es una pintura de la realidad. El orden y conexión de las ideas sería igual al orden y conexión de las cosas.

Las dificultades de sostener la opinión de que existe un isomorfismo estructural entre las teorías físicas y la naturaleza que pretenden describir comenzaron a finales del siglo XVIII con la pérdida de la fe en que Dios había creado al mundo dotándolo de una estructuración matemática, se agravaron con el surgimiento de las nuevas algebras y geometrías en el siglo XIX, y se convirtieron en una cuasi imposibilidad con la aparición de la teoría de la relatividad general de Einstein, en los inicios del siglo XX. La posterior aceptación de esta teoría por parte de la comunidad científica tuvo importantes consecuencias en lo que se refiere a la visión tradicional de la historia de la ciencia. La visión tradicional es eminentemente acumulativa, los padres y pilares fundamentales sobre los cuales se articula y progresa ininterrumpidamente la ciencia moderna son Copérnico, Galileo, Kepler y Newton. Este último señaló los problemas a resolver y los caminos a seguir al final de su óptica. Según esta concepción todo el pensamiento de los investigadores anteriores podría catalogarse a lo sumo como pre-científico, y los exponentes más radicales considerarían puramente ideológico el trabajo de investigación medieval o más antiguo.

La complicación de continuar sosteniendo estas actitudes frente a la historiografía de la ciencia estriba en que tanto la teoría de la relatividad general como la física cuántica, con su principio de incertidumbre que cuestiona hasta el concepto inveterado de causalidad, ponen en entredicho el núcleo fundamental de la física clásica. Ante esta situación los historiadores de la ciencia confrontaron la siguiente disyuntiva: seguir sosteniendo que la única ciencia era la Newtoniana implicaría descartar la cientificidad de las teorías de Einstein, Planck, Heisenberg, Erwin Schrödinger y Paul Dirac. En el caso contrario, si la nueva física estaba en lo correcto, habría que desechar la física clásica no sólo en el sentido de ser una teoría superada, sino que habría que negarle además su carácter de ciencia. Por supuesto, esto último era claramente absurdo. Frente al ininterrumpido aumento de contenido empírico de la física clásica, conjuntamente con su cada vez más acabada articulación lógica, era imposible negarle el carácter de ciencia a la física Newtoniana. Pero si éste era el caso, y aceptábamos la cientificidad tanto de la física clásica como de la nueva física, entonces la física en cuanto tal no podría describir la estructura de la naturaleza debido a que existían contradicciones fundamentales entre ambos modelos. Por lo tanto, el pretendido isomorfismo entre el orden y conexión de nuestras ideas y el orden y conexión de las cosas en la naturaleza no era más que un *desideratum,* una ilusión. La estructura de las teorías físicas carecía de *status* ontológico. Además surgió la siguiente inquietud historiográfica: si en el presente podíamos constatar la existencia de dos formas diferentes de hacer ciencia, ¿el pensamiento anterior a la revolución Copernicana no podría haber sido otra manera de llevar a cabo la investigación científica? Las dificultades metodológicas anteriormente mencionadas y este tipo de preguntas están a la base tanto de la historiografía como de la filosofía de la ciencia contemporánea y constituyen puntos nodales de las actuales discusiones sobre los criterios de demarcación entre la ciencia y las demás actividades humanas.

Las leyes Newtonianas del movimiento dieron fin a la idea de una posición absoluta en el espacio, la teoría de la relatividad elimina el tiempo absoluto. Una predicción de la teoría de la relatividad general es que el tiempo debe transcurrir más lentamente cerca de un cuerpo de gran masa como la tierra. Esto se debe a que existe una relación entre la energía de la luz y su frecuencia: mayor energía implica mayor frecuencia. Cuando la luz asciende en el campo gravitatorio de la tierra pierde energía y su frecuencia disminuye, esto significa que el tiempo entre la cresta de una onda y la siguiente aumenta. Para alguien situado en las alturas todo lo que sucede abajo parecería tomar más tiempo. Un reloj situado en la base de una montaña se mueve más lentamente que uno situado al tope. En la teoría de la relatividad no existe un tiempo absoluto, sino cada individuo tiene su propia medida personal del tiempo que depende de dónde se encuentra y cómo se está moviendo.

Antes de 1915, se pensaba que el espacio y el tiempo eran un escenario fijo en el cual se suscitaban los eventos, pero que no era afectado por lo que sucedía en él. Esto es verdad incluso en la teoría de la relatividad especial. Los cuerpos se mueven, las fuerzas atraen y repelen, pero el tiempo y el espacio continúan simplemente sin ser afectados. Era natural pensar que el tiempo y el espacio eran eternos. No obstante, la situación es muy diferente en la teoría de la relatividad general. El espacio y el tiempo son ahora cantidades dinámicas: cuando un cuerpo se mueve, o una fuerza actúa, afecta la curvatura del espacio y el tiempo, y a su vez la estructura del espacio-tiempo afecta la manera en que los cuerpos se mueven y las fuerzas actúan. El espacio y el tiempo no sólo afectan sino que también son afectados por todo lo que sucede en el universo. En la misma medida en que uno no puede hablar de los sucesos en el universo sin los conceptos de espacio y tiempo, en la teoría de la relatividad general es un sin sentido hablar del espacio y el tiempo fuera de los límites del universo. Esta nueva forma de entender el espacio y el tiempo revolucionó nuestra visión del mundo. La vieja idea de un universo inmutable que podría haber existido y que continuaría existiendo por siempre fue reemplazada por la concepción de un universo dinámico en expansión que parecería haber comenzado en un tiempo finito anterior, y que podría tener un fin en un tiempo finito del futuro. Roger Penrose y Stephen Hawking mostraron que la teoría de la relatividad general de Einstein implicaba que el universo debe tener un comienzo y posiblemente un final.[1]

En los años subsiguientes a su prueba de la existencia de otras galaxias, Edwin Hubble se dedicó a catalogar las distancias y a observar sus espectros. Los científicos pensaban que las galaxias se movían al azar, y por lo tanto, esperaban encontrar tantos espectros con corrimientos hacia el azul como al rojo. Pero quedaron asombrados al descubrir que casi todas las galaxias se estaban alejando. Más sorprendente todavía fue hallar que la magnitud del corrimiento hacia el rojo era directamente proporcional a la distancia a la cual se encontraba la galaxia. Mientras más lejana es una galaxia, mayor es la velocidad con que se separa de nosotros. Esto implicaba que el universo no podía ser estático, como se había pensado hasta el momento, sino que se estaba expandiendo: la distancia entre las diferentes galaxias crece con el tiempo.

El descubrimiento de que el universo se está expandiendo es una de las grandes revoluciones intelectuales del presente siglo, cabe preguntarse por qué nadie lo había pensado antes. Newton y sus seguidores debieron haber percibido que un universo estático comenzaría a contraerse debido a la fuerza de gravedad. Pero supongamos que se está expandiendo. Si se expande lentamente, la fuerza de gravedad hará que esta expansión se detenga en algún momento y comience a contraerse. No obstante, si se expande a una velocidad mayor que la rata crítica, la gravedad no será lo suficientemente fuerte para detenerla, y el universo continuará expandiéndose por siempre. Este comportamiento del universo se podía

---

[1] Stephen W. Hawking, *A Brief History of Time*, New York, ed. Bantam Books, 1.988, p. 33.

predecir a partir de la teoría de la gravitación de Newton desde finales del siglo XVII, pero la creencia en un universo estático era tan fuerte que persistió hasta comienzos del siglo XX. Mientras Einstein y otros físicos estaban buscando la forma de evadir la predicción de la teoría de la relatividad general de un universo no estático, el físico y matemático ruso, Alexander Friedmann, trataba de explicarla. Friedmann planteó dos supuestos: que el universo luce igual en cualquier dirección que observemos, y que esto es verdad independientemente del punto en que nos encontremos. A partir de estas dos ideas, Friedmann mostró que no debíamos esperar que el universo fuera estático. De hecho, en 1922, varios años antes del descubrimiento de Hubble, Friedmann predijo exactamente lo que Hubble encontró.[2]

De lo anterior se desprende que el considerar estático el universo es un prejuicio de antigua data y que científicos de la talla de Newton y Einstein sucumbieron ante él, a pesar de que tomando como base sus propios logros teóricos se podía haber derivado lo contrario. Si utilizamos *au pied de la lettre* los criterios metodológicos propuestos por Popper nos veríamos obligados a concluir que tanto Newton como Einstein son malos científicos, mientras que Alexander Friedmann es el bueno de la película. Continuando por este camino llegaríamos a pensar que la exclusión de Friedmann y de George Gamow de los premios Nobel sería un prejuicio capitalista, y así sucesivamente. Por supuesto, esta línea de argumentación nos parece absolutamente *naive*. Toma tiempo articular y precisar las múltiples derivaciones posibles de una teoría y la perfección lógica es un *desideratum* difícil, por no decir imposible de alcanzar. Es más, un exceso de rigor que se puede convertir en un freno a la creatividad científica. Si Newton y Leibniz hubieran sabido que el hecho de que una función sea continua no implica necesariamente que sea diferenciable, es muy probable que el cálculo infinitesimal nunca se hubiera desarrollado.

La teoría de la relatividad general y la física cuántica constituyen revoluciones intelectuales que cambiaron radicalmente tanto nuestra manera de percibir el mundo exterior como nuestra vida cotidiana. Esto último, debido a las derivaciones tecnológicas de la física teórica que produjeron la enorme cantidad de aparatos electrónicos sin los cuales nuestra actual

---

[2] *Ibid.*, pp. 39-40.

existencia nos parecería impensable. No obstante, los desarrollos posteriores de la física no han hecho más que articular y mejorar las ideas introducidas al comienzo del presente siglo por pensadores como Einstein, Max Planck, Werner Heisenberg, Erwin Schrödinger, Paul Dirac y Wolfgang Pauli. Ha sido un avance acumulativo, continuo y sin sobresaltos. Ambos modelos teóricos han evolucionado paralelamente formando lo que Lakatos denominaría dos programas de investigación. El programa de investigación generado a partir de la teoría de la relatividad general es un programa clásico, en el sentido de que no contempla el principio de incertidumbre de Heisenberg. En la actualidad los científicos intentan unir ambos programas de investigación en un paradigma único que nos explicaría la totalidad de los fenómenos naturales tanto a pequeña como a gran escala. De lograrse lo anterior obtendríamos una verdadera teoría de gran unificación que contendría las cuatro fuerzas fundamentales: gravitatoria, electromagnética, nuclear fuerte y nuclear débil, y que además se podría establecer lo que algunos consideran la teoría final. Lo importante desde el punto de vista metodológico *vis a vis* la historiografía de la ciencia es que esta teoría sería sólo una articulación lógica de ideas concebidas a comienzos del presente siglo y por lo tanto, no constituiría ninguna revolución teórica. Como podemos ver, el esquema revolucionario de Popper no se adecua a la historia de la ciencia, ni siquiera en el siglo XX que ha sido el que ha presentado una mayor velocidad en el progreso de la ciencia hasta el presente. Si no deseamos que nuestras reconstrucciones racionales de la práctica científica no sean más que malas caricaturas, debemos ser muy cuidadosos al escoger y plantear nuestros esquemas metodológicos.

En 1965, Roger Penrose usó la forma en que se comportan los conos de luz en la teoría de la relatividad general conjuntamente con el hecho de que la gravedad es siempre atractiva para mostrar que una estrella que colapse bajo el efecto de su propia gravedad es atrapada en una región cuya superficie se encoge hasta una dimensión cero. Como la superficie de la región se hace cero, también su volumen. Toda la materia de la estrella será comprimida en una región de volumen cero, por lo tanto, la densidad de la materia y la curvatura del espacio-tiempo se hacen infinitas. Nos encontramos frente a una singularidad contenida en una región del espacio-tiempo denominada agujero negro. Hawking se dio cuenta de que si se revierte la dirección del tiempo en el teorema de Penrose, de tal manera que el colapso se convierta en una expansión, las condiciones del teorema se mantienen si en el presente el universo es como un modelo de Friedmann a gran escala. El teorema de Penrose había mostrado que cualquier estrella que colapse debe terminar en una singularidad; el argumento con el tiempo revertido mostró que cualquier universo en expansión similar al de Friedmann debe haber comenzado en una singularidad. En 1970, Penrose y Hawking probaron que debe haber existido una singularidad como la del *big bang* si la teoría de la relatividad general es correcta y el universo contiene tanta materia como la que observamos. No obstante, si se toman en cuenta los efectos cuánticos esta singularidad al comienzo del universo podría desaparecer.

En menos de medio siglo la visión del mundo formada en miles de años fue completamente transformada. El descubrimiento de Hubble de que el universo se está expandiendo y el darnos cuenta de la insignificancia de nuestro planeta frente a la inmensidad del cosmos, fueron sólo el comienzo. La acumulación de evidencia empírica y teórica permitió ver cada vez con más claridad que el universo debió tener un origen en el tiempo. Pero Hawking considera que la prueba que de esto último hicieron él y Penrose sobre la base de la teoría de la relatividad general de Einstein, sólo implica que la relatividad general es una teoría incompleta: no puede decirnos cómo comenzó el universo porque predice el quiebre de todas las teorías físicas, incluida ella misma, al inicio del universo. No obstante, la teoría de la relatividad general es sólo una teoría parcial, así que lo que el teorema de la singularidad realmente muestra es que en el principio el universo es tan pequeño que no pueden ignorarse los efectos a pequeña escala de la otra gran teoría parcial del siglo XX, la mecánica cuántica.[3]

El principio de incertidumbre tiene implicaciones profundas para nuestra forma de ver el mundo, pero después de más de cincuenta años todavía no han sido apreciadas en toda su magnitud por la mayoría de los filósofos y son objeto de mucha controversia. El principio de incertidumbre señaló el fin del sueño de Laplace de un modelo del universo completamente determinista: uno no puede predecir exactamente los acontecimientos futuros si no puede ni siquiera medir con precisión el estado actual del universo. En los años veinte, Heisenberg, Schrödinger y Dirac reformularon la mecánica y construyeron una nueva teoría denominada mecánica

---

[3] *Ibid.*, pp. 49 a 51.

cuántica, basada en el principio de incertidumbre. En esta teoría las partículas no poseen posiciones y velocidades separadas bien definidas, ya que éstas no podrían ser observadas. En su lugar, ellas tienen un estado cuántico, que es una combinación de posición y velocidad. La mecánica cuántica no predice un sólo resultado definido para una observación. En vez de ello, predice una cantidad de resultados posibles diferentes y nos dice cuán probable es cada uno. Si se hace la misma medida en un gran número de sistemas similares, cada uno de los cuales comienza de igual manera, se encontrará que el resultado de la medida será A en cierto número de casos, B en un número diferente, y así sucesivamente. Se puede predecir el número aproximado de veces que el resultado será A o B, pero uno no puede predecir el resultado específico de una medición individual. La mecánica cuántica introduce por lo tanto un elemento inevitable de incapacidad de predicción o de aleatoriedad en la ciencia.

La mayoría de los científicos, con la notable excepción de Einstein, aceptó la mecánica cuántica debido a su adecuación con los resultados experimentales. Ha sido una teoría triunfadora y subyace a casi toda la ciencia moderna y a la tecnología. Gobierna el comportamiento de los transistores y de los circuitos integrados que son los componentes esenciales de los aparatos electrónicos, y también es la base de la química y de la biología modernas. Las únicas áreas de la ciencia física a las cuales no ha sido incorporada son la gravedad y la estructura a gran escala del universo. La teoría de la mecánica cuántica está basada en un tipo de matemáticas completamente nuevo que no describe el mundo real en términos de partículas y ondas, sólo las observaciones del mundo pueden ser descritas de esa manera. Existe una dualidad entre ondas y partículas en la mecánica cuántica: para algunos propósitos es conveniente pensar las partículas como ondas y en otros casos como partículas.[4]

Todas las partículas conocidas en el universo se pueden dividir en dos grupos: partículas de espín $1/2$, que constituyen la materia del universo, y partículas de espín 0, 1 y 2, que son las que originan las fuerzas entre las partículas materiales. Las partículas materiales obedecen el principio de exclusión de Pauli: dos partículas similares no pueden existir en el mismo estado, no pueden tener la misma posición y la misma velocidad, dentro de

---

[4] *Ibid.* , pp.55-56.

los límites fijados por el principio de incertidumbre. El principio de exclusión es crucial porque explica por qué las partículas materiales no colapsan a un estado de muy alta densidad bajo la influencia de las fuerzas producidas por las partículas de espín 0, 1 y 2. En 1928, Paul Dirac propuso una teoría que explicaba matemáticamente por qué el electrón tenía espín 1/2, por qué no se veía igual si uno lo giraba sólo una revolución completa, pero sí al girarlo dos revoluciones. También predijo que el electrón debía tener una pareja: un antielectrón o positrón. La teoría de Dirac fue la primera en su clase consistente con la mecánica cuántica y la teoría de la relatividad especial.

En la mecánica cuántica, las fuerzas o interacciones entre partículas materiales son transmitidas por partículas de espín entero: 0,1 ó 2. Lo que sucede es que una partícula material, como un electrón o un *quark*, emite una partícula portadora de fuerza. El retroceso ocasionado por esta emisión cambia la velocidad de la partícula material, luego la partícula portadora de fuerza choca con otra partícula material y es absorbida. Ese choque cambia la velocidad de la segunda partícula, tal como si hubiera existido una fuerza entre las dos partículas materiales. Una propiedad importante de las partículas portadoras de fuerzas es que no obedecen el principio de exclusión. Esto significa que no hay límite en el número que puede ser intercambiado, y por lo tanto, pueden originar fuerzas muy potentes. Se dice que las partículas portadoras de fuerzas intercambiadas entre partículas materiales son partículas virtuales porque, a diferencia de las partículas reales, no pueden ser directamente detectadas por un detector de partículas. No obstante, sabemos que existen porque tienen un efecto medible: producen fuerzas entre las partículas materiales. Las partículas portadoras de fuerzas pueden ser agrupadas en cuatro categorías de acuerdo con la intensidad de la fuerza que transportan y las partículas con las cuales interactúan. Debe ser enfatizado que esta división en cuatro clases es impuesta por el hombre; es conveniente para la construcción de teorías parciales, pero puede no corresponder a algo más profundo. En la actualidad, la mayoría de los físicos intentan encontrar una teoría unificada que explique las cuatro fuerzas: la gravedad, la electromagnética, la nuclear débil y la nuclear fuerte, como aspectos diferentes de una misma fuerza. Muchos dirían que este es el principal objetivo de la física en el presente.[5]

_____

[5] *Ibíd.*, pp. 67 a 69.

Entre las cuatro fuerzas, es importante resaltar que la cuarta categoría de fuerza es la interacción nuclear fuerte, que mantiene los *quarks* juntos en el protón y el neutrón, y conserva los protones y neutrones unidos en el núcleo del átomo. Esta fuerza es transportada por una partícula de espín 1 denominada gluón, que sólo interactúa consigo misma y con los *quarks*. La interacción nuclear fuerte posee una curiosa propiedad llamada confinamiento: siempre une las partículas en combinaciones que no tienen color. No se puede tener un *quark* aislado porque tendría un color: rojo, verde o azul. Un *quark* rojo tiene que estar unido con un quark verde y otro azul mediante una cadena de gluones para que nos de blanco, una tripleta tal como ésta constituye un protón o un neutrón. El hecho de que el confinamiento impide la observación de *quarks* y gluones aislados pareciera darle un carácter metafísico a las nociones de *quarks* y gluones como partículas. No obstante, existe otra propiedad de la interacción nuclear fuerte, la libertad asintótica, que hace que los conceptos de *quark* y de gluón estén bien definidos. A energías normales, la interacción nuclear fuerte es realmente intensa y une los *quarks* entre sí estrechamente. Pero experimentos con aceleradores de partículas de grandes dimensiones muestran que a altas energías la interacción nuclear fuerte se hace más débil, y *quarks* y gluones se comportan como partículas libres.

El éxito de la unificación de las fuerzas electromagnéticas con las nucleares débiles condujo a un número de intentos de combinar estas dos fuerzas con la interacción nuclear fuerte en una teoría de gran unificación. Estas teorías no son tan grandes y no están totalmente unificadas porque no incluyen la gravedad. Tampoco son completas porque contienen parámetros cuyos valores no son predecibles a partir de la teoría sino que tienen que ser escogidos para que concuerden con los experimentos. Sin embargo, ellas pueden constituir un paso hacia una teoría completa y totalmente unificada. La idea básica de las teorías de gran unificación es la siguiente: la interacción nuclear fuerte se hace más débil a energías muy altas. Por otra parte, las fuerzas electromagnéticas y débiles, que no son asintóticamente libres, se hacen más fuertes a energías muy altas. A una energía muy elevada denominada energía de gran unificación, estas tres fuerzas tendrán la misma potencia y podrían ser sólo diferentes aspectos de una misma fuerza. Las teorías de gran unificación predicen que a esta energía las diferentes partículas materiales de espín 1/2, como los *quarks* y los electrones, también serían esencialmente idénticas, alcanzándose así otra unificación. Es imposible contrastar las teorías de gran unificación directamente en el laboratorio, pero, como en el caso de la teoría unificada de las fuerzas electromagnéticas y débiles, existen consecuencias a baja energía que sí pueden ser probadas.[6]

Nuestra visión de la naturaleza del tiempo ha cambiado con el paso de los años. Hasta el comienzo de este siglo la gente creía en un tiempo absoluto. Cada suceso podía ser etiquetado con un número denominado tiempo de una manera única, y todos los buenos relojes estarían de acuerdo en cuanto al intervalo de tiempo transcurrido entre dos eventos. No obstante, el descubrimiento de que la velocidad de la luz parece ser la misma para cualquier observador, independientemente de cómo se esté moviendo, condujo a la teoría de la relatividad, en la cual se abandona la idea de un tiempo absoluto único. Cada observador tendrá su propia medida del tiempo registrada en el reloj que porte: los relojes de los diferentes observadores no estarán de acuerdo necesariamente. El tiempo se convierte en un concepto más personal, relativo al observador que lo mide.[7]

Las leyes de la ciencia no distinguen entre las direcciones hacia adelante y hacia atrás del tiempo. No obstante, existen por lo menos tres flechas del tiempo que sí distinguen el pasado del futuro. Estas son la flecha termodinámica, la dirección del tiempo en que aumenta el desorden; la flecha sicológica, la dirección del tiempo en que recordamos el pasado y no el futuro; y la flecha cosmológica, la dirección del tiempo en que se expande el universo en lugar de contraerse. La flecha sicológica es esencialmente la misma que la flecha termodinámica, por lo tanto, las dos siempre apuntarán en la misma dirección. La propuesta de no frontera para el universo predice la existencia de una flecha termodinámica bien definida porque el universo debe comenzar en un estado uniforme, suave y ordenado. Y la razón de que observemos un acuerdo entre la flecha termodinámica y la flecha cosmológica del tiempo es la de que los seres inteligentes pueden existir sólo

---

[6] *Ibid.*, pp. 72 a 75.

[7] *Ibid.*, p. 143.

en la fase expansiva. La fase de contracción no será adecuada debido a que no posee una fuerte flecha termodinámica del tiempo.[8]

Al comienzo del siglo XIX, Laplace sugirió que había un conjunto de leyes que determinarían de una manera precisa la evolución del universo, dada su configuración en un momento determinado. Esto se conoce como determinismo científico. El determinismo de Laplace era doblemente incompleto: no especificaba cómo deberían ser escogidas las leyes ni la configuración inicial del universo, ambas quedaban en las manos de Dios. Ahora sabemos que el determinismo de Laplace no puede ser alcanzado. El principio de incertidumbre de la mecánica cuántica implica que ciertos pares de cantidades, tales como la posición y la velocidad de una partícula, no pueden ser predichos con una precisión absoluta. La tarea de la ciencia es el descubrir leyes que permitan predecir los sucesos dentro de los límites establecidos por el principio de incertidumbre. No obstante, todavía debemos responder la pregunta de: ¿cómo o por qué fueron escogidas las leyes y las condiciones iniciales del universo?

La gravedad da la forma a la estructura a gran escala del universo, a pesar de ser la más débil de las cuatro categorías de fuerzas. Las leyes de la gravedad son incompatibles con la visión vigente hasta hace muy poco de un universo no cambiante con el tiempo, un universo estático: el hecho de que la gravedad sea siempre atractiva implica que el universo debe estar expandiéndose o contrayéndose. De acuerdo con la teoría de la relatividad general, debe haber existido un estado de densidad infinita en el pasado, el *big bang*, que sería el comienzo del tiempo. De una manera análoga, si el universo como un todo colapsa, debe haber otro estado de infinita densidad en el futuro, el *big crunch*, que sería el fin del tiempo. Tanto en el *big bang* como en las otras singularidades todas las leyes se romperían, por lo tanto, Dios tendría todavía la completa libertad de decidir lo que sucede en dichas ocasiones y cómo comenzó el universo.

Cuando combinamos la mecánica cuántica con la relatividad general aparece una nueva posibilidad: el espacio y el tiempo conjuntamente podrían formar un espacio finito, tetradimensional sin singularidades, límites o fronteras, como la superficie de la tierra pero con más dimensiones. Esta

---

[8] *Ibid.*, p. 152.

idea podría explicar muchas de las características observables del universo, tales como su uniformidad a gran escala y también las desviaciones de la homogeneidad a escala más pequeña, como las galaxias, las estrellas e incluso los seres humanos. Pero si el universo es completamente autocontenido, sin singularidades o fronteras, y completamente descrito por una teoría unificada, esto tendría profundas implicaciones para el papel de Dios como creador. Si la hipótesis de no frontera es correcta, Dios no tiene libertad alguna para escoger las condiciones iniciales. En cuanto a las leyes del universo, puede ser que exista una o un número muy reducido de teorías unificadas completas que sean auto consistentes y permitan la existencia de estructuras tan complicadas como seres humanos que puedan investigar las leyes del universo y preguntarse acerca de la naturaleza de Dios.[9]

Las ideas de Hawking y sus colegas nos enfrentan de nuevo con el eterno problema del *status* ontológico de la estructura de nuestros modelos teóricos. La teoría de la relatividad general transformó radicalmente nuestra visión del universo, pero cabe preguntarse si los conceptos aportados por Penrose, Hawking y Weinberg, para nombrar sólo algunos, constituyen una revolución científica o son simplemente la articulación o desarrollo acumulativo de teorías propuestas a comienzos del presente siglo. El que han contribuido a cambiar por completo nuestra visión del mundo es algo innegable. Penrose y Hawking demostraron que una consecuencia necesaria de la teoría de la relatividad general era que el universo no era estático, se expande y se contrae, tiene un comienzo y un fin. Hubble lo había investigado empíricamente, constatando a través de la luminosidad de las estrellas y del corrimiento hacia el rojo del efecto Doppler que nos encontrábamos en la fase de expansión. El matemático ruso Alexander Friedmann lo había predicho como consecuencia de la teoría de la relatividad general, pero también se pudo haber inferido de la teoría de la gravitación de Newton, a finales del siglo XVII. El que esta conclusión no haya sido aceptada con anterioridad nos muestra el papel fundamental que juegan los prejuicios, en este caso el del carácter estático del universo, en la construcción de las teorías científicas. Tanto el modelo Aristotélico-Tolemaico como el Copernicano eran estáticos, el mismo Einstein se vio obligado a recurrir a la constante cosmológica como única salida que le

---

[9] *Ibid.*, pp. 172 a 174.

permitiera evitar la consecuencia de un universo cambiante. Por lo tanto, la aceptación por parte de la comunidad científica y de la cultura en general de que el universo no es estático representa una transformación radical de nuestra visión del mundo. No obstante, no constituye una revolución teórica. Por el contrario, como hemos repetido *ad nauseam*, es una consecuencia lógica de la teoría de la relatividad general. Constituye entonces sólo una articulación y la eliminación de un prejuicio o la limpieza de la teoría, confrontamos un ejemplo característico de lo que Kuhn denomina ciencia normal. Por supuesto, también podríamos considerar que los aportes contemporáneos forman parte y continúan afinando la revolución iniciada por Einstein a comienzos de siglo, pero esto no sería más que un problema semántico, un juego de palabras. Lo importante es que en relación con la teoría de la relatividad general no constituyen una revolución sino una articulación, este es el punto que nos interesa destacar. El que desde el punto de vista de la cultura en general parezcan ideas revolucionarias o ciencia ficción no debe confundirnos en nuestra investigación metodológica.

En menos de medio siglo, la visión del mundo formada en miles de años fue completamente transformada. Tanto los agujeros negros como el *big bang* constituyen singularidades. La teoría se quiebra, pierde su capacidad de predicción, no nos puede decir qué sucede. Si se revierte la dirección de la flecha del tiempo en el argumento que nos conduce a la existencia de los agujeros negros como singularidades, de tal manera que el colapso se convierta en expansión, y si el universo es similar a un modelo de Friedmann, entonces el universo debe haber comenzado en una singularidad. El *big bang* es una consecuencia lógica, si la teoría de la relatividad general es correcta y el universo contiene tanta materia como la que observamos. Pero si se toman en cuenta los efectos cuánticos esta singularidad podría desaparecer. Según Hawking la teoría de la relatividad general es incompleta porque no puede decirnos cómo comenzó el universo, por lo tanto, es necesario tomar en cuenta los efectos a pequeña escala de la mecánica cuántica.

El principio de incertidumbre de la mecánica cuántica comporta un conjunto de implicaciones filosóficas en relación con la imagen imperante del fenómeno ciencia, que paradójicamente no son tomadas en cuenta por la mayoría de los filósofos de la ciencia en general, y particularmente por los metodólogos de las ciencias sociales. Impone límites específicos a la certeza de nuestras predicciones, al introducir el elemento de aleatoriedad. Uno no puede predecir exactamente el futuro si no puede medir con precisión el estado actual del universo. La mecánica cuántica predice una cantidad de estados posibles diferentes y nos dice cuán probable es cada uno, no puede predecir el resultado específico de una medición individual. La mecánica cuántica introduce la incapacidad de predicción o la aleatoriedad en la ciencia, pero es una teoría eminentemente triunfadora y fue aceptada por la casi totalidad de los científicos por su adecuación con los resultados experimentales.

La efectividad de una teoría como condición de posibilidad de su aceptación es un fenómeno que se repite reiteradamente a lo largo de la historia de la ciencia, a pesar de que dicha teoría pueda herir prejuicios estéticos, contener incoherencias lógicas o violentar criterios metodológicos inveterados. La efectividad como criterio de aceptación de las teorías científicas tiene un magnífico ejemplo en la física Newtoniana, que fue asumida como correcta a pesar de la vaguedad o imprecisión de las nociones fundamentales del cálculo, debido a su capacidad de predecir los fenómenos naturales. Hubo que esperar hasta el movimiento crítico en las matemáticas del siglo XIX por una visión rigurosa de las nociones del cálculo. La efectividad parece contrarrestar los pruritos lógicos de los científicos naturales, de la misma manera que en las ciencias sociales la aceptación por parte de los poderosos modifica las conciencias de economistas, sociólogos y demás. Es importante destacar que cuando los metodólogos hacen comparaciones o paralelismos entre las ciencias naturales y las sociales, en la mayoría de los casos, proponen una imagen de la física que no contempla ni los nuevos elementos epistemológicos introducidos por el principio de incertidumbre de la mecánica cuántica, ni las consideraciones historiográficas relativas a la efectividad como criterio de aceptación de las teorías científicas. Predomina por el contrario una visión idealizada de las ciencias naturales donde impera la pureza lógica y el rigor de los razonamientos, la absoluta certeza de las predicciones y donde no existe espacio para la ambigüedad. Esta imagen es posteriormente propuesta como paradigma de racionalidad, con las matemáticas como su máxima expresión en términos de lenguaje.

Tanto el principio de incertidumbre de Heisenberg como el principio de exclusión de Pauli parecen ser considerados por los físicos actuales como formando parte de la estructura fundamental de la materia, por lo tanto su carácter es claramente ontológico. Mientras que la división de las fuerzas de la naturaleza en cuatro categorías no pareciera corresponderse con el diseño estructural del universo, sino que por el contrario sería asumida como una forma de facilitar la construcción de teorías parciales. Las denominadas teorías de gran unificación se basan precisamente en la idea de que a energías muy elevadas estas cuatro categorías de fuerzas no constituirían más que aspectos diferentes de una misma fuerza. El principio de incertidumbre y el principio de exclusión serían ontológicos y fijarían conjuntamente los límites a la forma en que la materia se estructura en el universo. El principal objetivo de la física en la actualidad es encontrar una teoría unificada que explique las cuatro fuerzas como aspectos diferentes de una sola fuerza.

Una consecuencia no deseada, y por supuesto, mucho menos propuesta por Einstein, de la relativización del tiempo en la teoría de la relatividad general es la relativización de la verdad. La idea de que hay tantas verdades como puntos de vista puedan ser expresados por los diferentes contendores en una discusión. Pero el concepto de que no existe un tiempo absoluto y que cada observador tiene una medida personal y subjetiva del tiempo no tiene nada que ver con la noción de verdad. Sería interesante profundizar en este tema ya que se encuentra en la base de las consideraciones políticas en torno a la democracia como forma óptima de organización social y del mercado como complemento, pero estas reflexiones trascenderían los límites del presente trabajo. No obstante, cabe decir que la sumatoria de las ideas provenientes de todos los ignorantes del planeta nunca constituirá una verdad, como tampoco la adición de todos los malos gustos de los habitantes de la tierra jamás llegará a producir un gusto sofisticado. El transito de la *doxa* a la *episteme* es arduo y no se consigue con subterfugios o ideas por lo demás simplonas o superficiales.

Otro concepto proveniente de las ciencias naturales y que ha tenido un profundo impacto en las ciencias sociales es el determinismo. El determinismo propuesto por Laplace tuvo su origen en la anteriormente comentada efectividad de la física Newtoniana. La idea es sencilla, si conocemos las leyes que rigen el comportamiento de los fenómenos naturales, y conocemos también el estado en que se encuentran dichos fenómenos en un momento determinado, podremos predecir con exactitud en qué situación se encontrará la naturaleza en cualquier otro instante. Esta noción aparentemente inocua ha tenido profundas implicaciones en las ciencias sociales. Por una parte, nos encontramos con las diferentes formas de historicismos; por la otra, todos los modelos que pretenden dar cuenta del comportamiento de los agentes económicos se articulan presuponiendo esta capacidad de predicción de los eventos futuros. No obstante, el principio de incertidumbre de la mecánica cuántica impone límites que hacen inalcanzable el carácter absoluto del determinismo de Laplace. En el campo de lo social no bastaría con asumir modelos estocásticos sino que habría que introducir la reflexión matizada en términos tonales como condición de posibilidad de encontrar alternativas o salidas sugestivas e importantes a la uniformidad ideológica imperante en la actualidad. El principio de incertidumbre pareciera poseer un carácter ontológico y por lo tanto, determina el ámbito en el cual adquirimos nuestro conocimiento del mundo exterior. Sería interesante encontrar un equivalente o equivalentes del principio de incertidumbre para nuestra comprensión del fenómeno humano. Los científicos sociales pertenecientes a la corriente dominante en el presente se han limitado a copiar las novedosas adquisiciones conceptuales y metodológicas provenientes de las ciencias naturales, lo que proponemos en contraposición con lo anterior es una reflexión creativa, no reactiva o pasiva. La pregunta que tendríamos que responder es cuáles son los límites que determinan el ámbito en el cual se podría desarrollar un conocimiento alternativo del fenómeno hombre.

En el determinismo de Laplace, Dios escoge tanto las leyes que lo rigen como la configuración inicial del universo. Las singularidades predichas por la teoría de la relatividad general dejan abierto el camino para una posible intervención Divina, pero el principio de no frontera elimina esta posibilidad al desaparecer las singularidades. Dios no tendría espacio para la escogencia de las condiciones iniciales, y al existir un conjunto muy reducido de teorías que pudieran dar cuenta de la evolución del universo tampoco podría escoger las leyes que lo rigen. Las implicaciones teológicas de la física no niegan la importancia y significación de la religión, pero sí eliminarían ciertos espacios de explicación mitológica, circunscribiendo las consideraciones teológicas a problemas más profundos y más directamente relacionados con el hombre, no con la evolución o creación del cosmos. Hay que evitar, no obstante, los errores cometidos en este campo tanto por el positivismo lógico como por el materialismo, ambos excluyeron problemas fundamentales del hombre porque trascendían el alcance de sus instrumentales conceptuales y metodológicos. Una consecuencia visiblemente patética de lo anterior es el resurgimiento de los nacionalismos de tinte religioso posteriores al derrumbamiento del mundo comunista. Más cercano a nosotros, la extrapolación de religiones orientales al mundo occidental.

La combinación de la mecánica cuántica con la relatividad general constituiría la unión en un paradigma único de dos programas de investigación triunfantes por separado. Nos encontramos frente a dos formas alternativas de evaluar el proceso de investigación científica que ha llevado a la física hasta su actual situación: podríamos considerarlo como la culminación de una revolución científica que habría comenzado en los albores del presente siglo y que estaría llegando a su término o desenlace; o visualizar este proceso como la profundización y articulación llevada a cabo durante casi un siglo de dos programas de investigación o teorías parciales eminentemente exitosas, los cuales convergen finalmente en un paradigma único. Sabemos que las reconstrucciones racionales de la historia de la ciencia son siempre una caricatura de la historia real, pero la segunda alternativa nos parece más adecuada. Si asumimos la primera alternativa, tendríamos que sostener que la física ha sufrido una crisis permanente a lo largo de este siglo, lo cual se contradice con la unidad de la práctica científica realizada por la comunidad científica al interior de ambos programas de investigación. Los ingentes avances alcanzados en ambos programas de investigación nos llevan a considerar la segunda alternativa como más adecuada, estos avances serían imposibles de no haberse establecido una tradición de ciencia normal en cada uno de estos dos programas de investigación. El ulterior intento de unificación de ambos programas de investigación surge como una consecuencia lógica de las investigaciones cosmológicas concernientes al origen y evolución del universo, debido a que la infinita densidad y lo reducido del espacio hacen necesario tomar en cuenta los efectos cuánticos. En el caso de asumir la primera alternativa tendríamos que concluir que una verdadera ciencia normal sólo existiría *post festum*, después que se haya logrado la teoría de gran unificación o teoría final, lo cual es evidentemente absurdo *vis a vis* los aportes tanto teóricos como empíricos alcanzados durante el siglo XX por la física.

Supongamos por un instante que hemos logrado articular en un paradigma único las dos importantes teorías parciales que dividen el espacio de la física en la actualidad, que hemos obtenido la teoría de gran unificación que algunos consideran como la última teoría que además lo explicará todo. Supongamos también que pasan decenios y la adecuación de nuestro instrumental conceptual a la realidad se hace cada vez más precisa, y que también se hace más pura, transparente y rigurosa la articulación lógica de nuestro modelo teórico. Pensemos que esta situación se extiende en el tiempo. Surgiría entonces una problemática filosófica verdaderamente interesante. Si existiera una teoría que lo explicara todo y que permaneciera indefinidamente en el tiempo, su *status* ontológico sería evidente. ¿Qué sentido tendría continuar hablando de cadenas ininterrumpidas de teorías o de revoluciones científicas? Aunque por mucho tiempo se ha venido sosteniendo por parte de filósofos y metodólogos que la verdad absoluta es inalcanzable, que la estructura de la realidad es incognoscible, que si por azar la encontráramos nunca podríamos estar seguros de haberlo logrado; cabría preguntarse cuál sería el *status* que le adjudicaríamos a las proposiciones, teoremas y axiomas que constituirían esta teoría unificada final. Además, no deberían preocuparse los físicos y matemáticos por la posible pérdida de sus respectivos trabajos, ya que la articulación tanto lógica como empírica continuaría también indefinidamente, y es tarea lo suficientemente difícil como para mantenerlos interesantemente ocupados por el resto de la historia. No obstante, los filósofos o metodólogos sí enfrentarían un problema ocupacional al desaparecer el objeto de su reflexión, por lo menos en lo que a las ciencias naturales se refiere. Pero esto último lejos de alarmarnos debería ser aceptado como una esperanza en la medida en que abriría o facilitaría la posibilidad de reencontrarnos con el espíritu otrora perdido y dedicarnos al estudio de problemas verdaderamente importantes y significativos para el hombre.

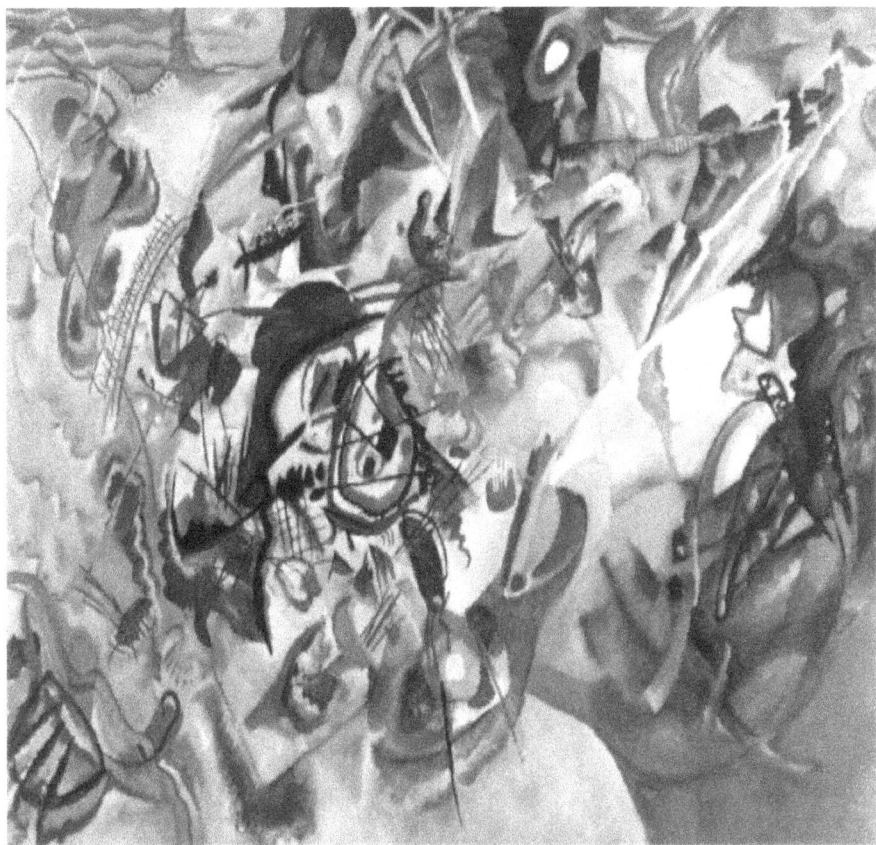

Wassily Kandinsky *"Composition VII"*

CAPITULO VII

El caos

En el capítulo anterior analizamos el problema del *status* de la evolución o desarrollo de la física en el presente siglo. Intentamos responder la pregunta de si la física había evolucionado en una forma continua y acumulativa o si, por el contrario, había sufrido una ruptura o revolución científica. La conclusión a la que arribamos fue que las dos grandes teorías parciales de la física: la teoría de la relatividad general y la mecánica cuántica, habían realizado una evolución continua y acumulativa sobre la base de la articulación de ideas y conceptos propuestos en los albores de este siglo hasta llegar al estado en que se encuentran en la actualidad. Por lo tanto, a pesar de que muchos han considerado las ideas de Feynman, Weinberg, Penrose y Hawking como revolucionarias, desde el punto de vista estrictamente metodológico, no constituyen una revolución sino más bien lo que Kuhn denomina ciencia normal. La distinción es significativa, porque pareciera que existe un prejuicio entre historiadores, filósofos y a veces entre los mismos científicos contra la ciencia normal y a favor de los avances considerados revolucionarios. Esto es comprensible dado el mercado de las ideas que computa a mayor precio los conceptos considerados novedosos, y todavía más si tienen derivaciones tecnológicas comercialmente desarrollables. Es entendible también por la fama que conllevan tanto para el científico o grupo de científicos que las producen como para las instituciones a las cuales pertenecen.

Esta imagen positiva del científico revolucionario está íntimamente ligada con la visión romántica del artista como un ser extraño creador de paraísos artificiales o de sus equivalentes macabros. La cultura busca figuras excéntricas para sus ídolos. El científico por su parte sería el creador de nuevos modelos o concepciones acerca de la naturaleza, la materia, la vida o el universo, nunca antes pensadas, ni siquiera soñadas, y que abren las puertas a esas quimeras futuristas de viajes intergalácticos y a través del tiempo; ciudades, procesos de producción e incluso vidas controladas por una tecnología extraordinariamente avanzada; todos los ejemplos posibles de la ciencia ficción. Pero si nos adentramos en el estudio de los procesos concretos de investigación realizados por los científicos en sus respectivas comunidades nos encontramos con una realidad muy diferente. Confrontamos un trabajo de hormiga, lento y difícil, donde los descubrimientos tanto conceptuales como empíricos constituyen una cadena sin rupturas o sobresaltos.

La imagen romántica del científico revolucionario se encuentra unida a la imposibilidad o dificultad de comprender que el proceso creativo puede ser aún más difícil y por lo tanto, también más meritorio, cuando se realiza dentro de un conjunto de reglas establecidas que cuando presupone la destrucción de esas reglas y la creación de una nueva estructura. Los que defienden esta visión parecen desconocer también la relación existente entre las viejas reglas y las nuevas estructuras, de las cuales son condición de posibilidad. Se establece una sinonimia entre creación y ruptura de reglas. Anteriormente expusimos el juego de ajedrez como ejemplo, donde a nadie se le ocurre pensar que los grandes premios se le otorgan a aquellos que inventen nuevas maneras de mover las piezas, o que cambien las dimensiones y número de cuadros del tablero. Esto sería equivalente a ver a Lionel Messi o a Neymar da Silva Santos Júnior tomar el balón con la mano y hacer un *touch down* allende los límites del rectángulo del campo, se convertirían *eo ipso* en jugadores de fútbol americano, extemporáneamente, por lo demás, y nadie los consideraría los creadores que realmente son, precisamente porque lo hacen sin violentar las reglas de la FIFA.

Paralelamente a los avances realizados en la mecánica cuántica referentes a la constitución de la materia, y en la teoría de la relatividad general relacionados con la estructura y evolución del universo, surgió alrededor de los años sesenta lo que algunos consideran un nuevo tipo de ciencia, una nueva manera de enfrentar los fenómenos naturales e˙ incluso algunos aspectos de la investigación social, el estudio del caos. En el presente capítulo analizaremos este movimiento con el doble propósito de intentar determinar si nos encontramos en presencia de una revolución teórica como sugieren la mayoría de sus proponentes, e introducir nuevos matices que nos permitan una mayor precisión al emplear la noción de revolución científica. Hay que diferenciar entre la utilización de la palabra revolución como una mera descripción sin pretensiones, de su uso como explicación de un proceso histórico. El primer caso puede ser inocuo, sin consecuencias negativas o confusiones, pero al analizar el concepto como condición de posibilidad de una explicación hay que ser extremadamente cuidadosos y definir con exactitud lo que pretendemos significar con él. Al final de este capítulo, cuando entremos en las consideraciones en torno al carácter revolucionario o no del movimiento que ha generado la investigación del caos, profundizaremos en este tema, agregando algunas precisiones sobre el concepto de revolución científica como lo hemos venido haciendo a todo lo largo de este trabajo.

El caos se ha convertido en el nombre simbólico de un movimiento rápidamente creciente que está reestructurando el tejido de la comunidad científica. El caos ha creado técnicas especiales para usar las computadoras y nuevos tipos de imágenes gráficas, figuras que captan una estructura delicada y fantástica que subyace a la complejidad. La reciente ciencia ha acuñado su propio lenguaje de fractales, bifurcaciones, intermitencias y periodicidades. Estos son los nuevos elementos del movimiento, de la misma manera que en la física tradicional los *quarks* y los gluones son los nuevos elementos de la materia. Para algunos físicos el caos es una ciencia del proceso más que del estado, del llegar a ser y no de lo que es. Ahora que la ciencia está observando, el caos parece estar en todas partes: en la columna de humo de un cigarrillo, en el comportamiento meteorológico y en el de un avión en vuelo. No importa cuál sea el medio, el comportamiento obedece siempre las mismas leyes recientemente descubiertas. Esto ha ocasionado cambios en la manera en que los ejecutivos toman decisiones acerca de los seguros, en la forma en que los astrónomos contemplan el sistema solar y en el modo en que los teóricos de la política hablan del *stress* que conduce a los conflictos armados.

El caos rompe las barreras que separan las disciplinas científicas. Porque es una ciencia de la naturaleza global de los sistemas ha unido pensadores pertenecientes a campos de investigación que se encontraban muy distantes. El caos plantea problemas que desafían las formas aceptadas del trabajo científico. Estudia el comportamiento universal de la complejidad. Los técnicos del caos comparten ciertas sensibilidades. Pueden ver patrones, especialmente patrones que aparecen en diferentes escalas al mismo tiempo. Poseen un gusto por lo aleatorio y lo complejo, por bordes quebrados y saltos repentinos. Algunos de ellos se autodenominan creyentes, conversos, o evangelizadores. Especulan acerca del determinismo y el libre albedrío, respecto a la evolución, sobre la naturaleza de la consciencia inteligente. Sienten que están revirtiendo una tendencia hacia el reduccionismo, el análisis de los sistemas en términos de sus elementos constituyentes: *quarks*, cromosomas, o neuronas. Creen que están buscando el todo.

Los abogados más apasionados del nuevo saber llegan a decir que la ciencia del siglo XX será recordada por tres cosas: la relatividad, la mecánica cuántica y el caos. Sostienen que el caos es la tercera gran revolución de la ciencia física del siglo XX. Como las dos primeras revoluciones el caos contradice algunos fundamentos básicos de la física Newtoniana. La relatividad elimina la ilusión de un espacio y tiempo absolutos, la mecánica cuántica elimina el sueño de un proceso de medición controlable, y el caos elimina la fantasía Laplaciana de una predicción determinista. Debemos recordar en este punto que la mecánica cuántica no elimina totalmente la predicción determinista, sino que la circunscribe dentro de los límites fijados por el principio de incertidumbre y el cálculo de probabilidades. Por su parte, la física relativista enfrentaría la imposibilidad de predicción en las singularidades que se presentarían tanto al comienzo como al final del universo, y además en los agujeros negros, pero Hawking sostiene que esta ruptura de la capacidad de predicción de la teoría puede ser evitada si introducimos el principio de no frontera. De las tres revoluciones anteriormente mencionadas, la revolución del caos es aplicable al universo que vemos y tocamos, a los objetos a escala humana. La experiencia cotidiana y las fotografías del mundo se han convertido en objetos legítimos de investigación.

La física de Feynman, Weinberg, Penrose y Hawking ha sido considerada en diversas oportunidades una revolución. Pareciera que está a punto de alcanzar el santo grial de la ciencia, la teoría de gran unificación o la teoría de todo. La física ha descrito el desarrollo de la energía y la materia en su totalidad a excepción del primero y el último parpadeo de la historia del universo, ¿Pero fue la física de las partículas de la posguerra una revolución? ¿O sólo fue la articulación de la estructura propuesta por Einstein, Bohr y los otros padres de la relatividad y la mecánica cuántica? En el capítulo anterior propusimos esta segunda alternativa como una descripción historiográfica más adecuada del proceso que ha conducido a la física a la situación en que actualmente se encuentra.

La física descrita por Hawking podría completar su misión sin responder algunas de las preguntas fundamentales acerca de la naturaleza. ¿Cómo comienza la vida? ¿Qué es la turbulencia? ¿En un universo gobernado por la entropía, moviéndose inexorablemente hacia un desorden cada vez mayor, cómo surge el orden? Objetos de la experiencia cotidiana como los fluidos y los sistemas mecánicos parecían tan básicos y ordinarios que los físicos tenían una tendencia natural a asumir que eran bien comprendidos, pero éste no era el caso. En la medida en que el estudio del caos continúa, los mejores físicos regresan sin vergüenza a los fenómenos a escala humana, no sólo estudian galaxias sino las nubes. Las revistas más importantes imprimen artículos sobre la extraña dinámica de una pelota rebotando en una mesa junto a trabajos de mecánica cuántica. Se reconoce que los sistemas más simples crean problemas de predicción extremadamente difíciles. No obstante, el orden surge espontáneamente en esos sistemas, caos y orden juntos. Sólo un nuevo tipo de ciencia podría acortar la gran distancia que separa el conocimiento de lo que hace una molécula de agua, una célula del tejido del corazón, una neurona, y la comprensión del comportamiento conjunto de millones de ellas. El estudio moderno del caos comenzó en los años sesenta con el creciente reconocimiento de que ecuaciones matemáticas muy simples podían modelar sistemas tan violentos como una catarata. Pequeñas diferencias en *input* podían convertirse en enormes diferencias de *output*, un fenómeno denominado dependencia sensible a las condiciones iniciales.[1]

Con su computadora primitiva, Edward Lorenz del *Massachusetts Institute of Technology* había desnudado el tiempo hasta su esqueleto. Línea por línea, los vientos y temperaturas parecían comportarse como los observables en la tierra. Estaban de acuerdo con su intuición de que el comportamiento meteorológico se repite a sí mismo, desplegando patrones familiares. Pero las repeticiones no eran nunca exactas, existía un patrón con perturbaciones, un desorden ordenado. Un día en el invierno de 1961, Lorenz comenzó a correr el programa a partir de la mitad, no desde el comienzo. Esta nueva

---

[1] James Gleick, *Chaos,* New York, ed. Penguin Books, 1.988, pp. 4 a 8.

corrida debía duplicar exactamente la anterior. No obstante, el comportamiento meteorológico comenzó a divergir del patrón de la última corrida tan rápidamente, que en sólo unos meses toda similitud había desaparecido. El problema surgió de los números introducidos. Lorenz redondeó el número a sólo tres decimales de los seis que contenía la memoria, asumiendo que la diferencia no tendría consecuencias. Pero en el sistema particular de ecuaciones de Lorenz, pequeños errores probaron tener consecuencias catastróficas. Por razones de intuición matemática Lorenz sintió un estremecimiento: algo estaba filosóficamente fuera de lugar, las consecuencias prácticas podían ser abrumadoras. A pesar de que sus ecuaciones eran sólo una parodia del comportamiento meteorológico terrestre, él tenía fe en que captaban la esencia de los fenómenos atmosféricos. Ese primer día, decidió que la predicción a largo plazo del tiempo estaba condenada. Se dio cuenta de que todo sistema físico no periódico tiene un comportamiento impredecible.

Los científicos que marchan bajo la bandera de Newton piensan que dado un conocimiento aproximado de las condiciones iniciales de un sistema y la comprensión de las leyes naturales, uno puede calcular el comportamiento aproximado del sistema. Este supuesto se encuentra incrustado en el corazón de la ciencia. Pequeñas perturbaciones pueden ser dejadas de lado. Existe una convergencia en la manera en que trabajaban las cosas, una influencia arbitrariamente pequeña no explota en consecuencias arbitrariamente grandes. Clásicamente, la creencia en la aproximación y la convergencia estaba bien justificada porque funcionaba. Precisamente, este supuesto fue el que el experimento de Lorenz cuestionó.[2]

Otro sistema descrito con precisión por las ecuaciones de Lorenz es un tipo de molino de agua, una analogía mecánica del círculo rotativo de convección. La intuición de un físico acerca de un sistema mecánico tan simple, su intuición pre-caótica, le dice que a largo plazo, si la corriente de agua no varía, se llegará a un estado de equilibrio. Lorenz encontró que no era así. Tres ecuaciones con tres variables describen completamente el movimiento del sistema, los tres números subían y bajaban con el paso del tiempo. Para hacer una gráfica de los datos Lorenz utilizó cada conjunto de tres números como coordenadas de un punto en el espacio tridimensional.

---

[2] *Ibid.*, pp. 15 a 18.

La trayectoria podía haber llegado a un punto y detenerse, estaríamos frente a un estado estacionario, donde las variables de velocidad y temperatura no cambiarían. O la gráfica podría formar un *loop*, el sistema tendría un patrón de comportamiento que se repetiría periódicamente. El sistema de Lorenz no asumió ninguna de estas dos conductas. Por el contrario, el mapa desplegó una infinita complejidad. Se mantuvo dentro de ciertos límites, pero nunca se repitió a sí mismo. Trazó una forma extraña y distintiva, una espiral doble en tres dimensiones, como una mariposa con sus dos alas. La forma señalaba un desorden puro, en la medida en que ningún patrón o punto se repetía. No obstante, también mostraba una nueva forma de orden.

Años más tarde los físicos hablarían del maravilloso trabajo de Lorenz, de los miles de artículos sobre el caos pocos han sido tan citados como *"Deterministic Nonperiodic Flow"*. Por mucho tiempo, ningún objeto particular inspiraría más ilustraciones, incluso películas, que la misteriosa curva dibujada al final, la doble espiral que llegó a ser conocida como el *attractor* de Lorenz. Las gráficas de Lorenz mostraron el significado de la complejidad. En el momento de su aparición, sin embargo, muy pocos podían verlo. Lorenz no estaba pensando en términos de la física tradicional, sino sobre la base de un modelo generalizado o abstracto que exhibía un comportamiento que él intuitivamente consideraba característico de algunos aspectos del mundo externo.[3]

"Cuando una ciencia se encuentra en un callejón sin salida surgen las revoluciones. Con frecuencia las revoluciones tienen un carácter interdisciplinario, sus descubrimientos centrales a menudo provienen de investigadores que trascienden los límites normales de sus especialidades. Los problemas que les preocupan no son reconocidos como legítimos, las tesis propuestas son rechazadas y sus artículos no son publicados. Los mismos teóricos no están seguros de poder reconocer una respuesta en el caso de que la encontraran. Aceptan el riesgo para sus carreras. Unos pocos libres pensadores trabajando por su cuenta, incapaces de explicar a dónde se dirigen, temerosos de comunicar a sus colegas lo que están haciendo. Esta

---

[3] *Ibid.*, pp. 29 a 31.

imagen romántica se encuentra en el corazón del modelo Kuhniano que es característico de la exploración del caos".[4]

La cita anterior de la obra de James Gleick titulada *Chaos*, nos muestra una interpretación mayoritariamente aceptada tanto por los que suscriben los planteamientos de Kuhn como por sus detractores. Puede ser que describa adecuadamente el tipo de investigación que ha caracterizado al movimiento del caos, pero consideramos que esta visión romántica de los trabajos de Kuhn adolece de una serie de fallas hermenéuticas. El concepto de ciencia normal es central en la obra de Kuhn, y si tuviéramos que proponer un criterio de demarcación alternativo al de falsabilidad de Popper desde una perspectiva Kuhniana, éste sería precisamente el de ciencia normal como condición de posibilidad de la ciencia madura. Paradójicamente, la casi totalidad de los que apoyan la utilización de las propuestas metodológicas de Kuhn como modelo interpretativo de la historia de la ciencia, incluido el autor de *Chaos*, subvaloran la ciencia normal y sobrestiman las revoluciones. No perciben que el argumento fundamental de Kuhn es que la ciencia normal es la condición de posibilidad tanto de la ciencia madura como de las revoluciones. Por otra parte, los que sí ven claramente la importancia del concepto de ciencia normal como elemento central y distintivo en torno al cual se articulan los planteamientos de Kuhn, lo acusan de irracionalista, subjetivista, sicologista, y todos los restantes epítetos característicos de las críticas de Popper y sus epígonos. Las cuales son perfectamente comprensibles en la medida en que la actitud crítica ejercida a través del *modus tollens* de la lógica clásica es la base del falsacionismo metodológico, mientras que la actitud del científico normal Kuhniano sería, por el contrario, dogmática en relación con el paradigma que lo guía en su investigación. Lo que es importante destacar entre los expositores del caos es un claro cambio de sensibilidad y la incomprensión de sus planteamientos por parte de los educados en el paradigma vigente que todavía se encuentran dentro de sus límites. Esto apuntaría más a lo que Kuhn denomina una situación de crisis. Pero para que pudiera hablarse de una revolución en el sentido Kuhniano del término, tendría que verse primero claramente la tradición de ciencia normal que la provocó, y luego en qué sentido el nuevo paradigma, si es que existe,

---

[4] *Ibid.*, p.37.

constituye una superación del anterior. Pareciera que esto se cumple en algunas teorías parciales de la física como la mecánica de fluidos. No obstante, es fácil constatar que en la literatura sobre el caos se pretenden unos alcances mucho mayores para la supuesta revolución del caos, que se nos presenta como una Revolución o mejor dicho, La Revolución con mayúscula.

En el período anterior al surgimiento de un paradigma, previo a la aparición de una tradición de ciencia normal, los científicos con diferentes puntos de vista en relación con un campo determinado de investigación pueden hablar fácilmente entre sí y con los laicos, debido a que no han alcanzado un estado donde puedan dar por establecido un lenguaje común especializado para los fenómenos que estudian. *Per contra*, un investigador de la dinámica de fluidos del siglo XX difícilmente podría esperar aportar conocimientos en su ámbito sin adoptar primero una terminología y unas técnicas matemáticas específicas y especializadas. Como consecuencia de esto, inconscientemente, perdería la posibilidad de cuestionar los fundamentos de su ciencia. Aquellos que reconocieron el caos en sus comienzos pensaron que por primera vez en sus vidas profesionales eran testigos de un verdadero cambio de paradigma, una transformación de la forma de pensar. Pero tuvieron gran dificultad para darle a sus pensamientos y descubrimientos una estructuración adecuada para la publicación. Su trabajo quedaba fuera de los límites establecidos en cada disciplina, muy abstracto para los físicos y demasiado experimental para los matemáticos. Las ideas que hacen que las personas tengan que reorganizar su visión del mundo provocan hostilidad, particularmente, los estudiosos de la mecánica de fluidos resintieron activamente el caos. Al principio, las proposiciones hechas sobre la base del caos sonaban salvajes y no científicas, y además el caos utilizaba unas matemáticas que parecían no convencionales y difíciles. No obstante, a mediados de los ochenta un proceso de difusión académica colocó a los especialistas en caos en posiciones de influencia dentro de las burocracias universitarias de los Estados Unidos. Se fundaron institutos y centros especializados en dinámica no lineal y sistemas complejos.

El caos no es sólo una teoría sino también un método, no sólo un canon de creencias sino también una manera de hacer ciencia. Para los investigadores del caos las matemáticas se han convertido en una ciencia experimental, con las computadoras reemplazando los laboratorios llenos de tubos de ensayo y microscopios. Las imágenes gráficas son la clave. Algunos llevan a cabo su trabajo negando explícitamente que sea revolucionario, otros usan deliberadamente el lenguaje de Kuhn de los cambios de paradigma para describir las transformaciones de las cuales son testigos. Los artículos sobre el caos desde finales de los años setenta tienen un carácter evangelizador, declaran nuevos credos, y a menudo culminan con llamadas a la acción.[5]

El ratón de laboratorio de la nueva ciencia fue el péndulo. La teoría de Galileo era tan potente que le hizo ver una regularidad que no existía, consideró que el período era independiente de la amplitud. Pero este no es el caso, el cambio de ángulo genera una pequeña perturbación no lineal en las ecuaciones. En amplitudes reducidas el error es casi inexistente, no obstante está ahí, y es medible incluso en experimentos tan crudos como el de Galileo. En nuestro siglo, procesos disipativos como la fricción fueron reconocidos, y los estudiantes aprendieron cómo incluirlos en las ecuaciones. También se les inculcó que los sistemas no lineales usualmente no tenían solución, lo que es verdad, y que tendían a ser excepciones, lo cual es falso. La mecánica clásica describe el comportamiento de clases completas de objetos en movimiento: péndulos, resortes comprimidos, varas dobladas y cuerdas. La matemática utilizada es aplicable también a sistemas de fluidos y a sistemas eléctricos, pero casi nadie en la era clásica sospechó el caos que podía aparecer en los sistemas dinámicos si los elementos no lineales eran tomados en cuenta. Un físico no podía entender la turbulencia o complejidad sin entender los péndulos, y entenderlos de una manera que era imposible en la primera mitad del siglo veinte. Incluso cuando un sistema frenado y empujado se encuentra en equilibrio, no está en equilibrio. El mundo está lleno de tales sistemas, comenzando con el comportamiento meteorológico, frenado por la fricción del aire y el agua en movimiento y por la disipación del calor hacia el espacio exterior, y empujado constantemente por la energía solar. Pero la ausencia de predicción no fue la razón de que físicos y matemáticos tomaran en serio el péndulo en los años sesenta y setenta, la ausencia de predicción sólo llamo su atención. Los estudiosos de la dinámica del caos descubrieron que el comportamiento desordenado de los sistemas simples actuaba como un proceso creativo. Generaba

[5] *Ibid.*, pp. 36 a 39.

complejidad: patrones o estructuras ricamente organizadas, algunas veces estables y otras inestables, algunas veces finitas y otras infinitas, pero siempre con la fascinación de cosas vivas. Debido a esto los científicos estudiaron los juguetes.[6]

En los años setenta, incluso los físicos de vanguardia rechazaban las matemáticas modernas. La dinámica diferencial, el análisis global, la geometría diferencial, todo lo posterior a lo que Einstein había utilizado era desechado. El romance entre la física y las matemáticas había terminado en un divorcio en los años treinta. Esto cambió con el trabajo de Stephen Smale, su innovación fue una estructura denominada herradura. Se toma un rectángulo y se estira hasta formar una barra horizontal, se coge un extremo de la barra y se dobla y se estira alrededor del otro en forma de herradura. Luego imagínese la herradura inscrita en un rectángulo y se repite la misma transformación. Smale hizo pasar su herradura a través de un conjunto ordenado de pasos topológicos y produjo una clara analogía visual de la dependencia sensible a las condiciones iniciales que Lorenz descubriría algunos años más tarde. Si escogemos dos puntos cercanos en el espacio original, no podemos adivinar su posición final, serán apartados arbitrariamente lejos por todo el proceso de estiramiento y doblado. De la misma manera, dos puntos posteriormente contiguos pudieron haber estado muy separados al comienzo. La herradura de Smale fue la primera de muchas formas geométricas recientes que les dieron a los matemáticos y a los físicos una nueva intuición acerca de las posibilidades del movimiento. Pero al principio pareció demasiado artificial para ser útil, una criatura excesivamente topológica para agradar a los físicos. Años más tarde, cuando los físicos estudiaron el trabajo de Smale sobre los sistemas dinámicos se dieron cuenta de que había devuelto una rama entera de las matemáticas a su aplicación al mundo real. Para algunos, esto constituyó el paradigma de los cambios de paradigma.[7]

El modelo estándar para graficar la variación es la curva en forma de campana. En el medio, donde la joroba de la campana se levanta, la mayoría de los datos se agrupan en torno al promedio. A los lados, los

---

[6] *Ibid.*, pp. 42-43.

[7] *Ibid.*, pp. 51 a 53.

extremos bajos y altos caen rápidamente. Esta curva representa la distribución normal o Gaussiana de las cosas, y constituye una afirmación acerca de la naturaleza de la aleatoriedad. El argumento consiste en que cuando las cosas varían, tratan de mantenerse cerca del punto medio y logran distribuirse alrededor de ese nivel en una forma razonablemente suave. Pero como instrumento para encontrar caminos a través de la maleza económica este concepto deja mucho que desear. Para Wassily Leontief, no existe ningún campo de la investigación empírica donde haya sido utilizada una maquinaria tan pesada y sofisticada con tan pocos resultados. Por su parte, el profesor de economía de Harvard: Hendrik Houthakker, intentó graficar los cambios de precios del algodón, sin encontrar la forma de que se adecuaran al modelo de la campana de Gauss. No obstante, dibujaban una figura cuya silueta Benoit Mandelbrot, uno de los pioneros del caos, estaba comenzando a ver en los lugares más disímiles. A diferencia de la mayoría de los matemáticos, Mandelbrot confrontaba los problemas dependiendo de su intuición acerca de patrones y formas. Desconfiaba del análisis, pero tenía fe en sus imágenes mentales. Pensaba que otras leyes, con un comportamiento diferente, podían gobernar los fenómenos aleatorios o estocásticos.

Los economistas estudian la criatura más elusiva de todas, pero su medio produce una oferta constante de números. Los archivos sobre el precio del algodón eran completos y viejos, más de un siglo. Los economistas comparten ciertos artículos de fe en lo que se refiere a cómo cambian los precios, los cambios a corto plazo no tienen nada en común con los cambios a largo plazo. Las fluctuaciones rápidas son aleatorias, mientras que los cambios a largo plazo son determinados por las fuerzas macroeconómicas, las cuales pueden ser comprendidas. Mandelbrot, por el contrario, en vez de separar los cambios pequeños de los grandes, intentaba unirlos en una misma imagen. Estaba buscando patrones no a una escala o la otra, sino a través de todas las escalas. Buscaba una simetría entre la gran escala y la pequeña escala. Cuando Mandelbrot introdujo los precios del algodón en el computador encontró lo que había intuido. Los números que generaban aberraciones desde el punto de vista de la distribución normal, producían una simetría desde la perspectiva del *scaling*. Cada cambio particular de precio era impredecible, pero la secuencia de los cambios era independiente de la escala: las curvas de los cambios de precios diarios y mensuales concordaban perfectamente. Increíblemente, analizados a la manera de Mandelbrot, el grado de variación había permanecido constante a través de un período tumultuoso de sesenta años que fue testigo de dos guerras y una depresión. Dentro de la más desordenada cantidad de datos vivía una clase inesperada de orden. La imagen de la realidad que se estaba formando en la mente de Mandelbrot en los años sesenta evolucionó de una extrañeza a una nueva geometría.[8]

Discontinuidad, explosiones de ruido, polvos de Cantor, fenómenos como estos no tenían cabida en las geometrías de los últimos dos mil años. Las formas de la geometría clásica son líneas y planos, círculos y esferas, triángulos y conos. Ellas representan una poderosa abstracción de la realidad, e inspiraron una imponente filosofía de armonía Platónica. Euclides constituyó a partir de ellas una geometría que duró dos mil años, la única geometría que la mayoría de las personas aprende. Los artistas encontraron una belleza ideal en esas formas, los astrónomos Tolemaicos construyeron una teoría del universo estructurada sobre su base. Pero estas formas son unas abstracciones equivocadas si nuestro interés es comprender la complejidad, las nubes no son esferas, las montañas no son conos y el rayo no describe una línea recta. La nueva geometría refleja un universo que es áspero no redondeado, escabroso no suave. Es una geometría de lo agujereado, picado, roto, doblado, enredado y entretejido. La comprensión de la complejidad de la naturaleza esperaba la sospecha de que la complejidad no era sólo aleatoria, no era puro accidente. Requería la fe en que la característica interesante de la flecha del rayo no era su dirección, sino la distribución de los zigzags. El trabajo de Mandelbrot emite un juicio acerca del mundo, nos dice que esas extrañas formas tienen significado. Los agujeros y enredos no son sólo manchas que distorsionan las formas clásicas de la geometría Euclidea, son a menudo la clave para encontrar la esencia de una cosa.[9]

Algunos científicos consideran que los instrumentos de la geometría fractal son indispensables. Es un modelo que permite enfrentar el problema de las dimensiones cambiantes de un objeto particular, aporta herramientas matemáticas y geométricas para describir y hacer predicciones. Una vez que se hace el esfuerzo y se comprende el paradigma, se puede comenzar a

---

[8] *Ibid.*, pp. 84 a 87.

[9] *Ibid.*, p. 94.

medir y a pensar en las cosas de una forma completamente novedosa, se ven diferentes. Es una visión mucho más amplia que la anterior. Las nubes como los terremotos son fenómenos de *scaling*, su irregularidad característica no cambia al ser observada en diferentes escalas, y se puede describir en términos de dimensión fractal. Esta es la razón de que los pasajeros de un avión pierdan la perspectiva y no puedan determinar a qué distancia se encuentra una nube. El análisis de las fotografías tomadas por satélites muestra una dimensión fractal invariante en nubes observadas desde cientos de kilómetros de distancia. Es difícil romper el hábito de pensar en las cosas a partir de cuán grandes son y cuánto han de durar. Pero la propuesta de la geometría fractal es que, para algunos elementos de la naturaleza, el buscar una dimensión característica es una distracción.[10]

El historiador de la ciencia de Harvard I. Bernard Cohen escudriñó durante mucho tiempo los anales de descubrimientos, tratando de encontrar científicos que consideraran sus trabajos como revolucionarios. Encontró sólo dieciséis y Benoit Mandelbrot era uno de ellos. Para los matemáticos puros Mandelbrot continuaba siendo un extraño a pesar de su éxito académico. También resentían la forma en que entraba y salía de diferentes disciplinas, emitiendo juicios, proponiendo conjeturas y dejando a otros el trabajo real de probarlas. Si un científico anuncia que algo es probablemente cierto y otro lo demuestra con rigor, es legítimo preguntarse: ¿Cuál ha contribuido más al avance de la ciencia? ¿Es la proposición de una conjetura un acto de descubrimiento o es sólo una fría apuesta? Los matemáticos siempre han confrontado estos problemas, pero el debate se intensificó cuando las computadoras comenzaron a desempeñar su nuevo papel. Los que utilizaban computadoras para realizar sus experimentos se parecían más a científicos de laboratorio, empleando reglas que permitían el descubrimiento sin las cadenas usuales de teoremas y pruebas características de los trabajos matemáticos normales. Mirando hacia atrás, Mandelbrot percibió que los científicos de las diferentes disciplinas respondían a sus planteamientos en niveles tristemente predecibles. El primer nivel era siempre el mismo: ¿Quién eres tú y por qué estás interesado en nuestro campo? Segundo: ¿Cómo se relaciona con lo que estamos haciendo y por qué no lo explicas sobre la base de lo que conocemos? Tercero: ¿Está seguro

---

[10] *Ibid.*, pp. 107-108.

de que eso es matemática aceptable, y si ese es el caso por qué no la conocemos? Cuarto: ¿Qué piensan los científicos pertenecientes a las diferentes ramas de las matemáticas acerca de su trabajo? No les importa, porque consideran que no agrega nada a las matemáticas. De hecho, se sorprenden de que sus ideas representen la naturaleza.

Las matemáticas se diferencian de la física y de otras ciencias aplicadas en este sentido: una vez que un campo de la física se vuelve obsoleto o improductivo se transforma normalmente en algo del pasado. Puede ser una curiosidad histórica, quizá fuente de inspiración para algún científico moderno, pero una teoría física muerta lo está por buenas razones. En contraste con lo anterior, las matemáticas se encuentran llenas de canales y de caminos que parecen no conducir a ninguna parte en una época y luego se convierten en áreas importantes de estudio en otra. La aplicación potencial de una pieza de pensamiento puro no puede ser nunca predicha. Esta es la razón de que los matemáticos evalúen el trabajo de una manera estética, buscando la elegancia y la belleza como los artistas. Este es también el por qué Mandelbrot, a la manera de un anticuario, encontró tanta buena matemática lista para ser desempolvada.

Los patrones que personas como Robert May y James Yorke descubrieron en los setenta, con sus complejas fronteras entre un comportamiento ordenado y caótico, poseían insospechables regularidades que sólo podían ser descritas en términos de la relación entre gran escala y pequeña escala. Las estructuras que daban la clave para la dinámica no lineal probaron ser fractales. En el nivel más inmediatamente práctico, la geometría fractal también aportó un conjunto de herramientas que fueron asumidas por físicos, químicos, sismólogos, metalúrgicos, teóricos de la probabilidad y fisiólogos. Estos investigadores estaban convencidos, y trataron de convencer a los demás, de que la nueva geometría de Mandelbrot era la geometría de la naturaleza. La palabra fractal se convirtió en una manera de describir, calcular y pensar acerca de formas irregulares y fragmentadas, dentadas y rotas. Formas que van de las curvas cristalinas de los copos de nieve al polvo discontinuo de las galaxias. Una curva fractal implica una estructura organizativa que subyace escondida entre las deformes complicaciones de tales figuras.[11]

_____

[11] *Ibid.*, pp. 111 a 114.

El concepto de autosimilitud (*self-similarity*) hace resonar cuerdas antiguas de nuestra cultura: Leibniz, Blake. El poder de la idea contemporánea de similitud comienza a niveles muy altos de complejidad, surge de la contemplación de la totalidad. El regreso de las ideas de *scaling* en los años sesenta y setenta se convirtió en una corriente intelectual simultáneamente en muchos lugares. La autosimilitud está implícita en el trabajo de Edward Lorenz, formaba parte de su comprensión intuitiva de la fina estructura de los mapas hechos por su sistema de ecuaciones. El *scaling* se convirtió también en parte de un movimiento en la física que condujo a la teoría del caos. Los científicos pertenecientes a campos de investigación muy separados comenzaron a pensar en términos de teorías que utilizaban jerarquías de escalas. Al final del siglo XX, imágenes de lo incomprensiblemente pequeño y de lo inimaginablemente grande se convirtieron en parte de la experiencia cotidiana. Dada la tendencia natural de la mente a encontrar analogías, nuevos tipos de comparación entre lo grande y lo pequeño fueron inevitables y algunas resultaron productivas. La ciencia encontró un uso para las oscuras y extravagantes primas de la curva de Koch y del conjunto de Cantor. Al comienzo estas formas pudieron servir como evidencia en el proceso de divorcio entre las matemáticas y la física al inicio del siglo, el final de un matrimonio que había dominado la escena científica desde Newton. Matemáticos como Cantor y Koch se habían deleitado en su originalidad, pensaron que eran más inteligentes que la naturaleza, cuando realmente no habían alcanzado la comprensión de las creaciones naturales. La corriente más prestigiosa de la física también se apartó de la experiencia cotidiana. No obstante, a pesar de Smale y Mandelbrot, serían los físicos quienes convertirían el caos en una nueva ciencia. [12]

La turbulencia es un problema con pedigrí, todos los grandes físicos pensaron acerca de ella, formal o informalmente. Es una mezcla de desorden en todas las escalas, pequeños remolinos en el interior de otros más grandes. Es inestable. Es altamente disipativa, lo que significa que drena energía y crea resistencia o freno. Es un movimiento que se hace aleatorio. Pero, ¿cómo cambia el flujo de suave a turbulento? Todas las reglas parecen romperse. Cuando el flujo es suave o laminar, las pequeñas irregularidades

---

[12] *Ibid.*, pp. 115 a 118.

desaparecen, pero una vez iniciada la turbulencia las perturbaciones crecen catastróficamente. Este comienzo, esta transición se convirtió en un misterio crítico de la ciencia, el establecimiento de la turbulencia puede ser observado y medido en el laboratorio, pero su naturaleza se nos escapa. El paradigma ortodoxo que intenta explicar la turbulencia es el texto sobre mecánica de fluidos del gran científico Ruso Lev D. Landau. El modelo de Landau consiste en una superposición continua de ritmos diferentes. Al introducir más energía en el sistema comienzan a aparecer nuevas frecuencias, una por una, la última incompatible con la anterior.[13]

En un trabajo sobre la naturaleza de la turbulencia publicado por David Ruelle y Floris Takens en 1971, se presenta una concepción alternativa a la de Landau. Ruelle había asistido a conferencias de Steve Smale sobre el mapa de la herradura y las posibilidades caóticas de los sistemas dinámicos. También había reflexionado en torno a la turbulencia en los fluidos y la visión clásica de Landau. Sospechaba que estas ideas estaban relacionadas y eran contradictorias. Era fácil ver la dificultad que presentaba el análisis de la turbulencia, las ecuaciones del flujo de los fluidos son ecuaciones diferenciales parciales que no tienen solución sino en casos especiales. No obstante, Ruelle produjo una alternativa abstracta al modelo de Landau, escrita con el lenguaje de Smale, con imágenes del espacio como un material flexible para ser comprimido, estirado y doblado en formas como la herradura. El propósito del trabajo trascendía claramente los límites de las matemáticas a pesar de estar escrito en el estilo característico de los artículos sobre matemáticas puras. Intentaban ofrecer un sustituto a la visión tradicional del establecimiento o aparición de la turbulencia. En vez de unas frecuencias que se van amontonando o agregando, convirtiéndose en una infinidad de movimientos superpuestos, propusieron que sólo tres movimientos independientes generarían toda la complejidad de la turbulencia. Lo más seductor del trabajo fue una imagen que los autores denominaron un atractor extraño. El atractor extraño vive en el espacio fase, una de las invenciones más poderosas de la ciencia moderna. El espacio fase nos provee una forma de convertir los números en imágenes, abstrayendo toda la información esencial de un sistema cuyas partes se mueven, mecánico o fluido, y construyendo un mapa flexible de los caminos que

---

[13] *Ibid.*, pp. 121 a 124.

conducen a todas sus posibilidades. En el espacio fase el estado completo del conocimiento acerca de un sistema dinámico en un instante del tiempo colapsa en un punto. El punto es el sistema dinámico en ese instante. La historia del sistema es descrita por el movimiento del punto, trazando su órbita a través del espacio fase con el paso del tiempo.[14]

Como muchos otros estudiosos del caos, David Ruelle sospechó que los patrones visibles en un flujo turbulento deben reflejar estructuras explicables por leyes todavía no descubiertas. La disipación de energía en un flujo turbulento debe conducir a un tipo de contracción del espacio fase, un tirón hacia un atractor. La turbulencia en un fluido nunca produce un ritmo particular con la exclusión de los otros, todo el amplio espectro de ciclos o frecuencias posibles se encuentran presentes a la vez. ¿Puede algo así derivarse de un sistema de ecuaciones simple y determinista? Ruelle y Takens se preguntaron qué clase de atractor podría tener el conjunto adecuado de propiedades: estable, de bajas dimensiones, no periódico. Para producir todos los ritmos, la órbita debería ser una línea infinitamente larga en un área finita. Mediante razonamientos matemáticos sostuvieron que algo así debía existir. El concepto de que un espectro continuo estuviera asociado con pocos grados de libertad fue considerado herético por muchos físicos, pero fueron unos pocos físicos los que reconocieron la importancia del trabajo de 1971 e intentaron desarrollar sus implicaciones. Los esfuerzos por articular las sugerencias avanzadas por Ruelle y Takens asumieron dos caminos distintos. Uno fue la lucha teórica por visualizar los atractores extraños. El otro, una línea de trabajo experimental que intentaba confirmar o refutar el cambio de fe altamente no matemático que sugería la aplicabilidad de los atractores extraños al caos en la naturaleza. No obstante, para 1971 la literatura científica poseía un pequeño dibujo de la inimaginable bestia a la cual Ruelle y Takens estaban tratando de dar vida. Edward Lorenz había agregado a su trabajo sobre el caos determinista de 1963 una gráfica con sólo dos curvas a la derecha, una dentro de la otra, y cinco a la izquierda. Un punto moviéndose a lo largo de esta trayectoria en el espacio fase, alrededor de los *loops*, ilustraba la rotación lenta y caótica de un fluido modelada por las tres ecuaciones para la convección de Lorenz. Debido a que el sistema poseía tres variables, este atractor se encontraba en

---

[14] *Ibid.*, pp. 132 a 134.

un espacio fase tridimensional. Después del trabajo de Ruelle y Takens, los físicos comenzaron a preguntarse si el atractor de Lorenz era típico y qué otras formas eran posibles.[15]

Al revisar la literatura sobre el caos lo primero que nos impacta son sus impresionantes y atractivas gráficas, y su peculiar y novedoso lenguaje: fractales, bifurcaciones, intermitencias, periodicidades, *scaling*, *self-similarity*, *folded-towel diffeormorphisms*, *smooth nooddle maps*, atractores extraños, polvo de Cantor, la herradura de Smale, la curva de Koch, el atractor de Lorenz. La introducción de una terminología nueva en la ciencia no es un hecho fortuito, se corresponde con la necesidad de comunicar ideas, conceptos y significados originales, frescos o recientes, que no son susceptibles de ser transmitidos a través de las herramientas lingüísticas en uso. Estos nuevos contenidos semánticos conllevan la utilización de significantes originales. Pero debemos investigar cuál es el nivel del cambio lingüístico que confrontamos con la introducción de la nueva terminología introducida por los proponentes del caos. Existen dos alternativas: los conceptos recientes son articulables con aquellos anteriormente utilizados, o *per contra* implican una ruptura con la forma tradicional de referirse a los fenómenos estudiados en los diferentes campos específicos en los cuales se pretende emplearlos. Pareciera que la introducción de la terminología del caos está acoplada con la intención de revisar o cuestionar formas anteriores de enfrentar problemas particulares estudiados con modelos diferentes en el pasado, como en el caso del péndulo o la turbulencia. Por otra parte, nos encontramos con que la geometría fractal es utilizada también para la investigación de fenómenos no atendidos por la ciencia tradicional como la estructura de los zigzags que constituyen la flecha del rayo, la columna de humo de un cigarrillo y la línea quebrada de la costa. Al estudiar los cambios lingüísticos debemos tener en cuenta que las estructuras sintácticas y semánticas del lenguaje no son tan sencillas como pudieron pensar San Agustín, el Wittgenstein del *Tractatus* o los académicos encontrados por Gulliver.

Otra peculiaridad de las investigaciones sobre el caos es su carácter interdisciplinario, el caos rompe las barreras que separan las disciplinas científicas. Esto se debe fundamentalmente a un cambio tanto de perspectiva como de objeto. El punto de vista utilizado es el de la totalidad, el caos

---

[15] *Ibid.*, pp. 137 a 141.

estudia la naturaleza global de los sistemas. Mientras que el objeto cuya comprensión se trata de alcanzar no es otro que la complejidad. El fenómeno investigado y la perspectiva utilizada por el movimiento del caos son anatemas para la ciencia tradicional, cuya característica fundamental y cada vez más acentuada es la especialización, y por ende el estudio de los fenómenos a partir de teorías parciales. La complejidad, por su parte, es percibida como la monstruosidad que debe ser evitada, además de ser considerada excepcional.

Una de las características de la tradición científica vigente, incluso un criterio metodológico fundamental, es la búsqueda de la simplicidad, aunque es importante destacar que varios de los premios Nobel recientes han sido otorgados a científicos que descubrieron que las estructuras que subyacen a los fenómenos naturales no eran tan simples como se pensaba. De otra parte, aunque la perspectiva de la totalidad fue considerada anatema por muchos años y el estudio de la naturaleza a partir de teorías parciales ha sido sumamente productivo y eficaz, en el capítulo anterior vimos como Hawking y sus colegas apuntan también hacia una teoría última que lo explique todo, incluido el fenómeno hombre. En este sentido, el caos y la física tradicional actual parecieran tener una coincidencia. El punto de vista de la totalidad es condenado por la mayoría de los filósofos de la ciencia contemporáneos, particularmente Popper ha dedicado muchos de sus trabajos a reprobarlo e incluso ha propuesto la alternativa de una ingeniería social para enfrentar los problemas humanos. Sería interesante estudiar si este cambio de perspectiva proveniente de las ciencias naturales, aunado con la preocupación por los procesos de cambio o el movimiento de los sistemas en el tiempo, su evolución en el plano diacrónico, puede significar un resurgimiento del Hegelianismo y demás corrientes historicistas en el campo de las ciencias humanas. Por lo pronto, lo que nos interesa resaltar es que el movimiento del caos propone una metodología que implica el abandono de ambos prejuicios de la ciencia normal tradicional. Tanto la simplicidad, que es sustituida por la complejidad, como el estudio de los fenómenos naturales a partir de teorías parciales.

Los proponentes del caos como una forma diferente de enfrentar los problemas presentados por la comprensión de los fenómenos naturales introducen una nueva terminología, nuevos métodos de investigación y de utilización de las computadoras, pero el punto clave estriba en cómo se investiga la estructura íntima de dichos fenómenos. Por ejemplo, cuando la ciencia ortodoxa estudia la dinámica del péndulo deja de lado los elementos no lineales, y el modelo explicativo de la turbulencia nos la presenta como una acumulación de ritmos superpuestos y excluyentes. La perspectiva propuesta por el caos para investigar ambos fenómenos será completamente diferente. El caos desafía las formas aceptadas de trabajo científico, es una ciencia del proceso más que del estado, del llegar a ser y no de lo que es. Los científicos pertenecientes al movimiento del caos participan de un nuevo y diferente tipo de sensibilidad, comparten un gusto por lo aleatorio, complejo y quebrado.

En los artículos sobre el caos nos encontramos en oportunidades con que sus autores se autodenominan creyentes, conversos o evangelizadores. El discurso asume un carácter místico con las propiedades de un lenguaje evangelizador cuyo objetivo es convertir a los restantes miembros de la comunidad científica. En otros casos pareciera que confrontamos un movimiento político y que sus trabajos no son más que panfletos proselitistas en busca de epígonos. Estos elementos serían juzgados por los Popperianos como irracionales, pertenecientes al contexto de descubrimiento y no de justificación, y por ende, deberían quedar fuera de la reflexión metodológica. Otros los considerarían como formando parte de la historia externa, la cual debe ser explicada a partir de la lógica interna del proceso de desarrollo científico y no a la inversa. Para algunos este tipo de discurso podría reflejar lo que Kuhn suscribe bajo el concepto de crisis. No obstante, para que se presente una crisis en el sentido que le da Kuhn al término se necesitarían varias condiciones que no parecen estar presentes. Primero, una clara tradición de ciencia normal que haya alcanzado un nivel de estancamiento en su proceso evolutivo, que se encuentre absolutamente contaminada de anomalías y sin enigmas que resolver. Pero como vimos en el capítulo anterior, este no es el caso de la mecánica cuántica, ni de la teoría general de la relatividad. Por el contrario, todo apuntaría a que una ulterior evolución de estas dos grandes teorías parciales de la física conduciría a su unificación. Ambas han constituido por separado tradiciones de ciencia normal claramente triunfantes, lo que Lakatos denominaría dos programas de investigación progresivos, y pareciera que separadas o unidas no hay nada que indique su inminente colapso y sustitución por un paradigma alternativo de mayor contenido empírico. Por lo tanto, en estos importantes ámbitos de la física no tendría cabida hablar de crisis, y como las crisis son la condición de posibilidad de las revoluciones científicas, mucho menos se podría hablar de revolución.

No obstante, hay que destacar que los elementos políticos, ideológicos e incluso religiosos que caracterizan el discurso del movimiento del caos sí son presentados como típicos de los momentos de crisis en el modelo de Kuhn, y es posible que éste sea el origen de la confusión. Pero como dijimos anteriormente, faltarían los componentes fundamentales denotados por el concepto de crisis tal y como nos lo introduce dicho autor. El lenguaje empleado por los proponentes del caos es un ejemplo más de que el discurso científico tan objetivo y racional como pretenden los Popperianos y la mayoría de los epistemólogos contemporáneos incluye una serie de recursos que serían evidentemente subjetivos e irracionales, si aceptamos sus criterios de racionalidad y objetividad. La utilización de elementos políticos e ideológicos no es particular del movimiento del caos, es parte estructural de los cambios conceptuales profundos a lo largo de la historia de la ciencia, por qué crear entonces una epistemología, historiografía o filosofía de la ciencia que los excluya. No lograríamos más que obtener una visión distorsionada de la historia y de la estructura del fenómeno ciencia, cuya única explicación sería el prurito irracional de hacerla converger con unos criterios de racionalidad y objetividad considerados como válidos *a priori* y que no soportan una confrontación con la realidad. Además, si nuestros criterios de racionalidad asumen como paradigma la actitud del científico, y se articulan sobre la base de la eficacia en los avances obtenidos en los campos científicos y tecnológicos *vis a vis* la dificultad de hablar de progreso en las demás actividades humanas, si nuestro esgrimido ejemplo de progreso es la efectividad de la actividad científico-tecnológica con todas las consecuencias que ha significado para la transformación de nuestra cotidiana existencia, deberíamos intentar comprender y penetrar en la esencia del fenómeno ciencia y no tergiversarla de acuerdo a nuestros prejuicios.

En los trabajos referentes al caos se reflexiona sobre el determinismo y el libre albedrío, la naturaleza de la consciencia inteligente, sus autores piensan que están revirtiendo una tendencia hacia el reduccionismo y encaminando la metodología científica hacia la perspectiva de la totalidad. Si todo lo anterior no constituye una revolución, por lo menos ha reabierto una discusión relacionada con temas filosóficamente importantes. Lo cual constituye un respiro para aquellos que todavía posean debilidades humanísticas, tan desprestigiadas en la ideología dominante contemporánea.

El caos estudia los objetos a escala humana, el universo que vemos y tocamos, mientras que la mecánica cuántica se ocupa de la estructura de la materia a un nivel micro y la teoría de la relatividad general investiga la estructura del universo a gran escala. Esto trae como consecuencia que la experiencia cotidiana y las fotografías del mundo que nos rodea se hayan convertido en objetos de investigación, al igual que muchos fenómenos que se daban por estudiados y comprendidos. El caos también cuestiona la fantasía Laplaciana de una predicción determinista como condición de posibilidad de comprensión de la complejidad. El tipo de movimiento estudiado por el caos rompe con los esquemas tradicionales del movimiento periódico y encuentra una íntima relación estructural entre el orden y el caos. Este cambio de perspectiva tan radical ha hecho pensar a muchos de sus proponentes y a los estudiosos en general que la propuesta teórica del caos constituye una revolución científica, comparable a la Copernicana o a las generadas con la aparición de la teoría de la relatividad general y la mecánica cuántica.

Como dijimos antes, el estudio moderno del caos comenzó cuando los científicos percibieron que ecuaciones matemáticas muy simples podían modelar sistemas tan violentos y complejos como una catarata. El fenómeno denominado dependencia sensible a las condiciones iniciales implica que pequeñas diferencias en los datos que entran al sistema originan enormes divergencias en los datos que salen. Este hecho viola el sentido común adquirido por los científicos en su proceso de educación y que se convierte en un lente a través del cual contemplan la naturaleza. El sentido común le dice al científico que existe una convergencia en la manera en que funciona la naturaleza y que las pequeñas perturbaciones pueden ser dejadas de lado, ya que una influencia arbitrariamente pequeña no explotará en consecuencias arbitrariamente grandes. Pero fue precisamente este supuesto lo que cuestionó el experimento de Lorenz. Lo importante a destacar en este punto es que los paradigmas o teorías científicas se articulan en torno a prejuicios, los cuales se constituyen en guía para nuestras investigaciones. Aunque parezca paradójico, lo que distingue al científico del ignorante es justamente que este último carece de la guía aportada por el prejuicio, sin la cual es muy posible que ni siquiera pueda comprender el problema.

Cuando confrontamos nuestras teorías entre sí, lo que estamos realmente midiendo es cuál de nuestros prejuicios es más efectivo. Las hipótesis no son otra cosa que prejuicios. Por supuesto, esto no quiere decir que no sean susceptibles de ser puestas a prueba. Lo que no es correcto es la afirmación de que la objetividad y la racionalidad consisten en ponerlas a prueba continuamente. De ser este el caso, no sólo nos veríamos en la imposibilidad de investigar sino de actuar, esto fue lo que llevó a Descartes a proponer una moral provisional y límites para el análisis. Lo que debemos investigar es cuándo y en qué medida la ruptura, cuestionamiento o sustitución de un prejuicio por otro constituye una revolución científica. En otras palabras, posee el concepto de revolución un poder explicativo que aporta algo en la comprensión de la evolución de la ciencia a lo largo de la historia o, por el contrario, no es más que una noción meramente descriptiva.

Los prejuicios se convierten en intuiciones profundas, y la intuición pre-caótica le decía a los científicos que a largo plazo el sistema llegaría a un estado de equilibrio estable, pero Lorenz encontró que este no era el caso. Lo que estaban intuyendo los primeros investigadores del caos era que la concepción establecida del orden era extremadamente limitada si pretendíamos   comprender ciertos fenómenos naturales. El caos sería precisamente una nueva forma de orden. La trayectoria descrita por las ecuaciones de Lorenz no alcanza ni un estado estacionario, ni un comportamiento periódico, el mapa desplegó una infinita complejidad. La gráfica señalaba un desorden puro en la medida en que ningún patrón se repetía, pero al mismo tiempo mostraba una nueva forma de orden.

Las intuiciones de Lorenz trascendían los límites de la física clásica, intuiciones sobre el comportamiento característico del mundo exterior. Este cambio de sensibilidad ocasionó la incomprensión por parte de los educados en el paradigma vigente y cuya fe en él no se había resquebrajado. Nos encontramos frente al fenómeno denominado inconmensurabilidad de los paradigmas. Para que un paradigma sea considerado como tal, su articulación con el paradigma vigente debe ser imposible. De no ser este el caso, no constituiría más que una elaboración de las ideas existentes, y por lo tanto formaría parte del paradigma en uso. Para que un paradigma se constituya en una alternativa válida, su aceptación debe implicar una ruptura con el paradigma dominante. Estos procesos de ruptura se caracterizan por interrupciones de la comunicación entre los miembros de la comunidad científica e intentos de persuasión por medios no tradicionales; aparecen en el lenguaje términos como conversión, cambios de visión, evangelizar y metodologías novedosas. A los proponentes del nuevo paradigma se les hace difícil publicar sus trabajos, e incluso corren el peligro de perder sus respectivas carreras. Tal cual como hemos venido observando a lo largo de este capítulo.

Para la mayoría de los epistemólogos contemporáneos la situación descrita anteriormente sería profundamente irracional y subjetiva, debería ser estudiada por la psicología y no por la filosofía de la ciencia, y además propondrían que circunstancias como éstas deberían ser extirpadas de la ciencia en sí misma. No obstante, siempre han estado presentes a todo lo largo de la historia de la ciencia, desde sus remotos orígenes. Algunos las retrotraen al contexto de descubrimiento, pero las eliminan del de justificación. Otros, las trasladan a la historia externa, pretendiendo dejar pura e inmaculada la historia interna. Lo interesante de la propuesta metodológica de Kuhn es que las incluye en la lógica interna del proceso de investigación científica, y nos muestra cómo esto no podría ser de otra manera, dada la forma en que son educados los científicos y el modo como se desarrolla la ciencia normal como condición de posibilidad de la ciencia madura.

Las gráficas de Lorenz mostraron el significado de la complejidad, pero muy pocos pudieron verlo debido a que sus intuiciones, incorporadas en el proceso educativo, un proceso de formación-deformación, no se lo permitían. Esto constituye el costo de oportunidad del rápido avance de la ciencia normal madura, y es la razón por la cual es tan difícil que se susciten las revoluciones científicas. Para su aparición es necesario que se cumplan un sinnúmero de condiciones extremadamente complejas y difíciles de lograr. Lo anterior nos permite comprender por qué los factores fundamentales en dichas revoluciones, los científicos que se constituyen en los actores principales de dicho proceso, pasan a ser los héroes de la versión romántica de la historia de la ciencia. También nos ayuda a entender por qué se sobrevaloran las innovaciones teóricas y empíricas que ocasionan las rupturas, y se menosprecian el trabajo de hormiga y los cambios dentro de las reglas establecidas.

Al adoptar los científicos unas técnicas matemáticas y una terminología específica y especializada, un lenguaje particular y cuasi privado, pierden inconscientemente la posibilidad de cuestionar los fundamentos de la tradición científica en la cual fueron entrenados. De ahí que las comunidades científicas presenten una resistencia tan evidente al cambio, a las nuevas ideas que pongan en cuestión las bases de la tradición. Esta es también la razón de que aquellos pocos que traspasan los límites del paradigma sientan que pasan por una crisis de orden psicológico, porque son su visión del mundo y sus intuiciones más profundas e inconscientes las que se están desgarrando, aquellas en las que siempre creyeron y que constituyeron la base tanto de su educación como de sus investigaciones posteriores. Los pocos que se atrevan a trascender los límites del paradigma sentirán el rechazo de los restantes miembros de la comunidad científica a la cual pertenecen, debido en gran parte a que las ideas que hacen que las personas tengan que reorganizar su visión del mundo provocan hostilidad.

Los cambios introducidos por el caos en la práctica científica no se limitan al lenguaje, sino tienen que ver con el método de investigación, con la manera de hacer ciencia. Las matemáticas se convierten en una ciencia experimental y los científicos confían más en las gráficas que en los procesos analíticos deductivos. Las computadoras desempeñan el papel de los tubos de ensayo y microscopios de los laboratorios tradicionales, y las imágenes gráficas son la clave. El ratón de laboratorio de la nueva ciencia fue el péndulo. Un físico no podía entender la turbulencia o la complejidad sin comprender los péndulos, pero era necesario estudiarlos desde una perspectiva diferente. La educación en el paradigma ortodoxo vigente les inculca a los estudiantes que los sistemas no lineales no tienen solución en la mayoría de los casos y que son excepcionales. Lo primero es cierto, pero lo segundo es falso. Lo anterior tiene como consecuencia la exclusión *a priori* de los elementos no lineales, los cuales son apartados de la investigación como monstruosidades o aberraciones. El cambio de perspectiva introducido por el caos obligó a centrar la atención en estos elementos no lineales. Al realizar esta transformación los estudiosos del caos descubrieron que el comportamiento desordenado de sistemas simples actuaba como un proceso creativo, generador de patrones o estructuras ricamente organizadas, generaba complejidades. Las matemáticas vuelven a reencontrarse con la física a partir del trabajo de Smale sobre los sistemas dinámicos, después del divorcio ocurrido en los años treinta. Una rama entera de las matemáticas, la topología, es aplicada a la realidad física. Algunos investigadores que utilizan explícitamente el lenguaje de Kuhn para describir el desarrollo del movimiento del caos, presentan el trabajo de Smale como el paradigma de los cambios de paradigma, precisamente en la medida en que significó que las matemáticas puras volvieran a ser aplicadas al estudio de la realidad física.

Un ejemplo claro del cambio de sensibilidad originado en la investigación científica por el movimiento del caos son los trabajos de Benoit Mandelbrot. A diferencia de la mayoría de sus colegas, Mandelbrot confrontaba los problemas matemáticos basándose en su intuición en torno a patrones y formas. Sus estudios sobre el precio del algodón ilustran la posibilidad de la aplicación de la teoría del caos a las ciencias sociales, específicamente a la economía. Vistos desde la perspectiva de la campana de Gauss, los precios del algodón no eran susceptibles de estructuración alguna. Para un economista ortodoxo, no existe relación entre los cambios de precios a corto y a largo plazo. Mandelbrot *per contra*, buscaba una simetría entre la pequeña y la gran escala, intentaba encontrar patrones que persistieran a través de todas las escalas y lo consiguió. Dentro de la más desordenada masa de datos provenientes de los precios del algodón vivía una clase inesperada de orden. La imagen de la realidad que se estaba formando en la mente de Mandelbrot evolucionó de una extrañeza a una nueva geometría. Este cambio es significativo no sólo por lo referente a la sensibilidad científica, sino porque es una aplicación de la geometría fractal al campo de las ciencias sociales. Las nuevas estructuras geométricas no sólo parecen describir fenómenos naturales que no habían sido estudiados o no podían ser explicados con las herramientas de la ciencia ortodoxa, también pueden interpretar problemas relativos a la más elusiva de las criaturas, la conducta humana, la economía.

Si nos dejáramos llevar por el prejuicio romántico y revolucionario, nos veríamos obligados a concluir que confrontamos una revolución total que no sólo está transformando nuestra visión de la naturaleza, sino que además pretende comprender fenómenos económicos y políticos. El cambio de paradigma no sería sólo en la física, sino que parecería abarcar toda la ciencia.

La revolución teórica generada por la teoría de la relatividad general estuvo acompañada por la aceptación de la geometría no Euclidea como una forma más adecuada de pintar o describir la estructura del universo. El movimiento del caos también comporta la utilización de un nuevo tipo de geometría: la geometría fractal. Las formas de la geometría Euclidea son unas abstracciones equivocadas si pretendemos comprender la complejidad. Formas que eran consideradas como aberraciones o monstruosidades por la geometría clásica, se convierten en la clave para el estudio de ciertos fenómenos. Para entender la complejidad era necesario intuir previamente que no era un mero accidente aleatorio. El tránsito de la geometría clásica a la fractal es comparable al cambio estético que va de un gusto a lo Bauhaus al Postmodernismo, pareciera un retorno al sobrecargamiento del Barroco o el Rococó. Pasamos de líneas, conos, esferas y triángulos; a polvos de Cantor, curvas de Koch, la herradura de Smale y los atractores extraños. Aparece una sensibilidad que apetece lo quebrado, roto, discontinuo y sobrecargado. Se rompe con el hábito de pensar en las cosas en términos de cuán grandes son y cuánto han de durar. Se introduce una nueva manera de hacer matemáticas a través de las computadoras, eliminando la necesidad de las acostumbradas cadenas de teoremas y pruebas. El matemático se convierte en un científico experimental.

Además, las técnicas de persuasión utilizadas por Mandelbrot y sus colegas ilustran a la perfección las tesis de Kuhn en cuanto al cambio de *gestalt* y a la aparición de un lenguaje que recuerda tanto al proselitismo político como al religioso, característicos de los momentos de crisis previos a las revoluciones científicas. No obstante, hay varios elementos fundamentales que harían falta para completar el cuadro. Aunque los cambios introducidos por la teoría del caos han afectado casi todas las ramas de la ciencia, sus implicaciones tienen que ver con aspectos o teorías parciales en cada uno de esos campos y no con los que podríamos considerar paradigmas básicos. Para que se dé una revolución en el sentido Kuhniano, incluso para que se suscite un cambio de teoría a la manera de Popper, tiene que haber un aumento de contenido empírico en relación con el paradigma o teoría que se pretende superar. Pareciera que en algunos casos específicos esto se cumple, como en lo que se refiere al estudio de la turbulencia que se encontraba en un callejón sin salida. También es importante destacar que ciertas clases de movimiento o fenómenos que se creían perfectamente explicados, realmente no lo estaban. Los teóricos del caos han mostrado que esa supuesta comprensión hacía abstracción de elementos fundamentales, lo cual distorsionaba por completo el fenómeno en cuestión.

Pero para poder hablar de un cambio de paradigma o de una revolución comparable a la Copernicana, o a las originadas como consecuencia de la aparición a comienzos de siglo tanto de la teoría de la relatividad general como de la mecánica cuántica, tendríamos que relacionar la teoría del caos precisamente con estas dos significativas teorías parciales de la física actual. Por lo tanto, sería necesario mostrar que el supuesto nuevo paradigma del caos puede resolver problemas que estas dos grandes teorías no han sido capaces de solucionar hasta ahora, que resuelve también aquellos problemas anteriormente solventados por el conjunto formado por ambas teorías, y además abrir nuevas interrogantes que sirvan de guía para las investigaciones futuras. Pensamos que mucha agua tendrá que correr bajo los puentes, muchas lunas tendrán que pasar para poder contestar si éste es el caso de una manera definitiva. De otra parte, los físicos en el bando contrario no se encuentran dormitando en sus laureles, sino que por el contrario parecieran estar cercanos, como estudiamos en el capítulo anterior, a la teoría de gran unificación que podría explicarlo todo…

Joan Miró *"The Smile of the Flamboyant Wings"*

CAPITULO VIII

Reflexiones generales y conclusiones. El progreso: ¿Mito o realidad?

En este capítulo final dedicado a las conclusiones del presente trabajo, intentaremos abordar el problema más complejo que hasta este punto hemos analizado: la idea de progreso. En los capítulos anteriores también estudiamos el progreso, pero referido principalmente a la historia de la ciencia, particularmente a la historia de la física y las matemáticas. Centramos nuestra investigación en la forma en que se ha llevado a cabo la evolución conceptual al interior de estas ciencias y confrontamos las diferentes posiciones o modelos explicativos que han pretendido dar cuenta de este proceso, propuestos por algunas de las corrientes epistemológicas o de la filosofía de la ciencia contemporánea. Ahora nuestra reflexión tendrá como objetivo el progreso en general, el progreso en la historia, tanto como idea que forma parte esencial de la *Weltanschauung* dominante, como de la historia concreta. Nos preguntaremos por el sentido que tiene hablar de progreso en la historia de las sociedades humanas. Por lo tanto, no podremos afirmar que este progreso es un dato que tenemos que aceptar como válido *a priori*, porque estaríamos incurriendo en una falacia de circularidad, una *petitio principii*.

A todo lo largo de este trabajo hemos analizado conceptos tales como el de racionalidad, objetividad y crítica que constituyen los pilares fundamentales sobre los cuales se estructura la visión dominante del mundo en la actualidad. Pero pensamos que el pilar de los pilares, el punto nodal en torno al cual giran y se articulan los otros conceptos es la idea de progreso. El problematizar la idea de progreso, el preguntarnos por los significados posibles de este concepto, adquiere una relevancia particular en un país como el nuestro que se encuentra entre los que forman parte del tercer mundo, el ámbito del subdesarrollo. La situación se hace todavía más grave con la crisis presente que nos convierte, de acuerdo con los indicadores, en una nación subdesarrollada entre las subdesarrolladas que nada o chapotea en el oscuro río formado por el excremento del diablo.

Cuando se habla de salir de este estado de subdesarrollo, de la búsqueda de un tránsito hacia la modernidad, de romper con el atraso y abandonar las concepciones paleolíticas en aras de una nueva ilustración, implícita o explícitamente se nos conmina a progresar, pero qué significa este progreso y hacia dónde se dirige. Para la mayoría de los intelectuales orgánicos sumergidos en la *Weltanschauung* neoliberal, incluso para muchos que pretenderían no serlo, esta pregunta ni siquiera existe, planteársela sería un síntoma de esquizofrenia, por decir lo menos. Ellos poseen una respuesta que consideran como válida *a priori*, que surge de lo más profundo de su subconsciente colectivo, e incluso en algunos casos, dada la vehemencia con que se manifiestan, de los insondables arcanos de sus entrañas. Según estos nuevos ilustrados nuestro objetivo es disminuir la brecha que nos separa de las naciones que constituyen el centro de su universo, los países altamente industrializados, símbolos emblemáticos de aquello de lo cual carecemos y que constituye nuestro único pensable y deseable destino, el desarrollo.

Además, la imagen que nos presentan de estos países desarrollados es muy particular, no es otra que la de Hollywood o Disney World, pero no el Hollywood de Martin Scorsese o Woody Allen. Para que maticen un poco la visión que nos proponen como paradigma a seguir, les recomendamos que observen y mediten sobre las cintas de directores como: Fellini, Herzog, Pasolini, Cassavetes, Chaplin, Coppola, Almodóvar, Altman, Visconti, Richard Linklater, Hal Hartley, Spike Lee, Mike Leigh, Danny Boyle, Kevin Smith, David Lynch, Sidney Lumet, Jim Jarmusch, Tarantino, Krzysztof Kieslowski y Peter Greenaway, para no cansarlos demasiado.

No se trata de proponer un retorno al buen salvaje, ni creemos en, ni consideramos posibles tales retornos. Tampoco Rousseau proponía algo así en el *Discurso Sobre las Ciencias y las Artes*, y mucho menos en el *Contrato Social*. Debemos buscar las mediaciones entre esos dos extremos: de una parte, la obnubilada mirada desarrollista; de la otra, la melancólica contemplación del pasado. Es a partir de la profunda reflexión sobre esas mediaciones, de un rumiarlas lentamente, que podremos encontrar, inventar y proponer una

Weltanschauung alternativa que constituya una transvaloración de los actuales valores.

A lo largo de este capítulo final continuaremos analizando la evolución conceptual y el progreso en la historia de la ciencia, en vista de que consideramos que la idea de progreso en general tiene como pilar fundamental de su estructura el claramente perceptible y arrollador avance tanto de la ciencia como de sus derivaciones tecnológicas.

Los estudios centrales en la Revolución Copernicana fueron la astronomía y la mecánica, en estos dos campos se produjeron los cambios más drásticos y el progreso más significativo durante el siglo XVII. Se puede considerar que la astronomía estaba madura para ese desarrollo debido a que en una ciencia tan antigua las observaciones se habían venido acumulando por miles de años y el proceso de revisión condujo a un nuevo esfuerzo de síntesis. La mecánica tuvo la ventaja de ser una rama del conocimiento en la cual era mucho lo que se podía estudiar a través de instrumentos o inventos muy simples, tales como observar pelotas rodando por planos inclinados. No obstante, podríamos afirmar que lo que estimuló el rápido progreso de la ciencia fue el que en cada uno de estos dos campos por separado se encontró un obstáculo muy difícil de superar. En un caso la dificultad consistía en proponer una concepción adecuada del movimiento simple. En el otro, el problema era explicar el movimiento de la tierra. Una vez que los obstáculos fueron superados, quedó abierto el camino para que se diera un torrente de nuevos cambios. El desarrollo de las matemáticas tuvo que ver no sólo con la revolución científica en general, sino con la superación de los dos obstáculos antes mencionados. La historia de las ideas se vio afectada por el nuevo estudio del movimiento tanto en la tierra como en el cielo, que fue el elemento central de la ciencia del siglo XVII. En este siglo se intentaron explicar todos los cambios del mundo físico en función de un sistema puramente mecánico. La idea de un universo trabajando como un inmenso mecanismo de relojería fue la gran contribución del siglo XVII a la edad de la razón del siguiente siglo.[1]

---

[1] Herbert Butterfield, *The Origins of Modern Science*, New York, ed. The Free Press, 1.965, pp. 129-130.

En la revolución científica del siglo XVII nos encontramos con dos situaciones diferentes: el análisis del movimiento de los cuerpos a pequeña escala y la investigación del movimiento de los astros. En el caso del estudio del movimiento en la mecánica a nivel terrestre existía una teoría que no se había podido articular en una tradición de investigación normal madura, nos referimos a la teoría Aristotélica del *impetus*. Esta teoría aunque fue el paradigma para estudiar el movimiento durante muchos siglos, no logró avances significativos. Por lo tanto, en este ámbito de la física no se puede hablar de una revolución científica en el sentido de un cambio de paradigma que implique la sustitución de una tradición de ciencia normal por otra, ni de un aumento de contenido empírico, ya que no existía un contenido empírico previo. De ahí que la invención o descubrimiento por parte de Galileo y Descartes del concepto de inercia, que es la clave para la nueva perspectiva de estudio del movimiento, se pueda considerar no sólo la base de la mecánica moderna, sino de la mecánica en general. La idea de que un cuerpo se desplaza con un movimiento rectilíneo uniforme mientras no exista una fuerza externa que actúe sobre él es uno de los conceptos más geniales y significativos de la historia de la ciencia. En la teoría Aristotélica del *impetus*, la condición natural de los cuerpos era el reposo y para que se movieran necesitaban un impulso, un *impetus* constante. De otra parte, en el caso de la astronomía sí existía una tradición de ciencia normal triunfante articulada sobre la base del paradigma Aristotélico-Tolemaico, y por lo tanto, sí podríamos hablar de una revolución científica en el sentido de la sustitución de una tradición de ciencia normal por otra. En lo que se refiere a las matemáticas, el progreso fue continuo y acumulativo a lo largo de todo este período revolucionario, como estudiamos en capítulos anteriores, no significó una ruptura con la tradición de investigación precedente, su evolución estuvo íntimamente ligada a la solución del problema de la velocidad instantánea, ya que antes del cálculo sólo se podían calcular velocidades promedio. Lo cual ilustra la íntima relación o matrimonio existente en el desarrollo de las matemáticas y la física.

El progreso de la física a través de la nueva manera de concebir el movimiento tuvo consecuencias inesperadas y profundas para las otras ramas de la ciencia y la cultura en general. Tanto el movimiento de la tierra como su cambio de posición, el que el lugar de habitación del hombre, punto focal privilegiado de la creación del Dios Cristiano, no se encontrara en el centro del universo, constituyó un golpe mortal para la ideología cristiana dominante sobre la cual se basaban y justificaban todas las estructuras de poder de la época. Lo anterior nos permite comprender la quema de Giordano Bruno y la retractación de Galileo. La iglesia Cristiana había aceptado el paradigma Aristotélico-Tolemaico porque se adecuaba perfectamente a su concepción del hombre y del universo. Esta adecuación no consistía sólo en el hecho de colocar el *hábitat* de los seres humanos en el centro del universo, sino que además existía un claro paralelismo entre la división Aristotélica del cosmos en un mundo supralunar de los movimientos eternos y perfectos, y el espacio sublunar de la imperfección y lo perecedero, con la escisión cristiana del hombre en alma y cuerpo, eterna una, y mortal y corruptible el otro. Al derrumbarse el paradigma Aristotélico-Tolemaico y ser sustituido por la síntesis Newtoniana, no se desplomó la iglesia Cristiana, pero sí uno de sus pilares fundamentales. Esto a su vez ocasionó el debilitamiento de la ideología que justificaba las estructuras de poder, y por consiguiente facilitó y propició su ulterior colapso. Esta relación entre el progreso de la ciencia y la evolución de las instituciones sociales y la cultura en general es un tema que nos ocupará a todo lo largo de este capítulo dedicado a las conclusiones del presente trabajo.

Por dos mil años la apariencia general del mundo y las actividades de los seres humanos habían variado muy poco, a tal punto que los hombres no tenían conciencia ni de progreso ni de proceso en la historia, a lo sumo la elevación o caída de algunas ciudades. Su visión de la historia había sido esencialmente estática porque el mundo que contemplaban era inmutable, la vida era representada por las sucesivas generaciones en un escenario que permanecía idéntico a sí mismo. Ahora, por el contrario, los cambios se suscitaron con tal rapidez que eran perceptibles a simple vista, y la imagen de la tierra y las actividades de los hombres cambiaron en un siglo más que en los mil años anteriores. Es en este período que la idea del proceso de las cosas en el tiempo y el concepto de progreso saltan a la palestra. El proceso histórico es extremadamente complejo, mientras el movimiento científico se estaba llevando a cabo, se suscitaron otros cambios sociales que conjuntamente con la revolución científica produjeron el mundo moderno.[2]

---

[2] *Ibid.*, p. 199.

Los hombres del Renacimiento eran menos capaces de ver la historia como el ascenso del hombre que los medievales, debido al peculiar punto de vista que asumieron. Lo que observaban en el pasado eran los altos picos de la antigüedad clásica, la razón llevada a su máximo desarrollo, alturas alcanzadas por los griegos y luego perdidas. Se propusieron como objetivo el retorno a ellas, la edad media representaba la caída en el error y la superstición. La visión renacentista de la historia es cíclica, combina una visión estática del proceso de las cosas en general, con una teoría de la decadencia. Los seres humanos son siempre iguales, mezclas diferentes de los elementos constantes de pasión, afecto y deseo. La naturaleza aporta un escenario permanente donde se representa el drama humano. La apariencia del mundo en general permanece similar a sí misma a través de las diferentes épocas, unas ciudades o estados florecen en un período y en el siguiente otras. Internamente a las ciudades, estados o civilizaciones el tiempo produce corrupción, decadencia. La elevación, el florecimiento es un hecho extraordinario, antinatural, y la estabilidad o la resistencia al proceso de corrupción eran consideradas un triunfo. Si un pueblo hace un esfuerzo superlativo, si cuenta con un líder genial, puede llegar a la cima del mundo. No obstante, al cesar este excepcional esfuerzo o a raíz de la muerte del líder la tendencia natural a declinar volverá a imperar. En esta concepción, el tiempo y el curso de la historia no generan nada, no existe la idea de una civilización que se desarrolla indefinidamente. El hombre asume la existencia de una cultura cerrada, los posibles logros humanos tienen un límite, el horizonte es recapturar la sabiduría de la antigüedad, tratar de ser tan sabios como los griegos o tan políticos como los romanos.[3]

Para el hombre de finales del siglo **XX**, con los viajes del transbordador espacial y demás avances tecnológicos formando parte de su vida cotidiana, educado en una *Weltanschauung* donde el progreso como unidad cultural ocupa el centro de un conjunto de ideas a partir de las cuales los individuos decodifican su existencia, la visión Renacentista del decurso o paso del tiempo pudiera parecer incomprensible. Todos los hombres a lo largo de la historia hemos sido objeto de un proceso educativo en el cual se forman los códigos, las unidades culturales que conjuntamente constituyen la urdimbre del tejido de nuestra conciencia. Lo que pensamos y sentimos, más que

[3] *Ibid.*, p. 222.

pensarlo y sentirlo como individuos autodeterminados, está siendo pensado y sentido por nosotros en un subconsciente estructurado a partir de esas unidades culturales que constituyen nuestros códigos de valoración, pensamiento y sentimiento, y sin las cuales no sería posible la comunicación y la comprensión del mundo que nos rodea. Si como Hamlet nos hacemos la pregunta sobre el ser, nos vemos obligados a concluir que en vez de ser la mayor parte de los hombres no son sino que estarían siendo movidos como marionetas por hilos imperceptibles. La única forma de escapar de esta compleja situación es el análisis y desmontaje de los códigos y unidades culturales adquiridos a través del proceso educativo y que determinan nuestra existencia tanto a nivel conceptual como afectivo. Nuestros pensamientos, gustos y valores, todos provienen de ahí. Si queremos ser debemos comprender esto, de lo contrario nuestra conciencia no será nuestra sino de otro. La individualidad no es un dato, no está dada, se conquista.

La cultura dominante en general y particularmente, los neoliberales no toman en cuenta el problema anteriormente planteado, todo bípedo inplume que porte un carnet de identidad es considerado *a priori* un individuo, independientemente de que conozca o no la situación en que se encuentra. Los padres del liberalismo, autores como Jeremy Bentham, James Mill y sobre todo su hijo John Stuart Mill hacían un enorme hincapié en la educación, precisamente porque tenían conciencia del problema. No obstante, a lo largo de este trabajo hemos resaltado el carácter doctrinario de todo proceso educativo, incluso aquellos que se nos presentan como paradigma de objetividad. Es difícil y hasta paradójico pensar y aceptar que una estructura de poder va a utilizar los aparatos ideológicos de la nación, públicos o privados, con el fin de que los miembros de la sociedad adquieran la sensibilidad y los instrumentos conceptuales necesarios para desmontar la *Weltanschauung* que justifica y cohesiona esa misma estructura de poder. Incluso cuando se fomenta la crítica, bien sea directamente en las instituciones educativas o a través de los medios de comunicación en general, ésta siempre está enmarcada dentro de ciertos límites o parámetros. Todo aquel que pretenda trascenderlos es *eo ipso* calificado de subversivo o agente desestabilizador, con las consecuencias de todos conocidas. Además, los mismos valores, principios, axiomas, teoremas, ideas, gustos y sentimientos sobre la base de los cuales se ejerce la crítica están incorporados en la urdimbre del tejido que configura nuestra pseudo conciencia. Lo

173

anterior constituye un problema fundamental para el racionalismo crítico, la democracia y la evolución del espíritu, no reconocerlo no es más que un signo de derrota ante las estructuras de poder.

La idea de progreso es una de las unidades culturales fundamentales sobre las cuales se articula nuestra conciencia tanto en lo que se refiere a la perfectibilidad individual como a la colectiva, y subyace como justificación a la mayoría de las empresas del hombre moderno. Paradójicamente, en su nombre se han realizado toda clase de atrocidades en la historia reciente. Por lo cual es importante resaltar el carácter histórico de la moderna idea de progreso y el también histórico carácter de la idea de historia. Hay dos prejuicios que debemos combatir si queremos comprender las implicaciones ideológico-culturales de la noción de progreso: primero, el pensar que algunas ideas que consideramos obvias en la actualidad, siempre existieron en la conciencia del hombre; segundo, que el presente que nos ha tocado vivir es mejor que el pasado, y que por lo tanto, podemos visualizar el proceso histórico como un progreso lineal cuyo *telos* es nuestra realidad actual. Si no combatimos estos prejuicios, o si los aceptamos como verdaderos *a priori*, las conclusiones expresadas en este capítulo carecerán de sentido.

La idea de progreso representa la secularización de una actitud inicialmente religiosa que ve a la historia como un proceso que conduce a una realización del hombre en el futuro, la historia tiene un sentido y nos conduce a algo. La búsqueda consciente de una nueva ciencia y una nueva perspectiva, el descrédito de Aristóteles y la insistencia   por parte de Descartes en descargar la mente de las viejas tradiciones, todas estas cosas conjuntamente le dieron un duro golpe a la autoridad de la antigüedad. Un hombre como Giordano Bruno considera a los griegos clásicos como la infancia del mundo. En el campo de la literatura se sostuvo que la época de Luis XIV había superado las proezas literarias de los clásicos, los antiguos habían conocido las pasiones del alma sólo *en gros*, mientras que en la actualidad se conocían una infinidad de distinciones y matices extremadamente sutiles. Pero incluso en esta controversia literaria entre antiguos y modernos el hecho decisivo que inclinó el fiel de la balanza del lado de los modernos fue el reconocimiento del avance científico y sus implicaciones para la vida social. La tendencia de las nuevas filosofías era engavetar la idea de providencia y el reciente poder adquirido sobre las cosas materiales hace que el hombre se sienta su propia providencia. El ser humano posee una razón natural y ésta tiene que ser deslastrada de los prejuicios y tradiciones producto de una mala educación, se abre el camino a la perfectibilidad del hombre.

El intento de abrazar la totalidad de los eventos en el tiempo y de relacionar entre sí las épocas sucesivas, la transición a la idea de que el tiempo tiende hacia un objetivo, que la sucesión temporal tiene un significado y que el paso de las épocas es generativo, sufrió un impacto tremendo cuando la investigación trascendió la historia humana. La idea de progreso adquirió implicaciones adicionales con el surgimiento del concepto más amplio de evolución. La ciencia y la historia se unifican para presentar la idea de la totalidad de la naturaleza avanzando lenta pero inexorablemente hacia un fin superior.[4]

Con frecuencia se ha querido ver que el progreso en la naturaleza, o evolución, significa mucho más que un proceso ordenado, se pretende que cada nueva forma no sólo es una modificación de la anterior sino un mejoramiento de ella. La idea de que la naturaleza humana constituye el más noble producto del progreso evolutivo es una de las bases sobre las cuales se articula la concepción del siglo XIX del progreso histórico en cuanto garantizado por una ley de la naturaleza. La historia humana está sujeta a una ley necesaria de progreso, cada una de las nuevas formas específicas de organización social, del arte y de la ciencia es necesariamente una mejora respecto a la anterior. Esto presupone la afirmación conjunta de dos ideas contradictorias: se considera al hombre como formando parte de la naturaleza y al mismo tiempo se sostiene su superioridad sobre ella.

La idea de progreso histórico tiene que ver con el surgimiento de novedades específicas y consiste en la concepción de éstas como mejoramiento. Pero, ¿desde el punto de vista de quién es un progreso? No hay elección excepto para una persona que sepa qué es lo que son las dos cosas entre las cuales está escogiendo. Escoger entre dos formas de vida es imposible a menos que uno sepa lo que son, y esto no se logra practicando una y concibiendo la otra como una posibilidad no realizada. El progreso no consiste en reemplazar lo malo por lo bueno, sino lo bueno por lo mejor. El

---

[4] *Ibid.*, pp. 228 y ss.

revolucionario sólo puede considerar su revolución como un progreso en la medida en que es también un historiador que recrea auténticamente en su pensamiento histórico la vida que a pesar de ello rechaza. El historiador tiene que juzgar el valor relativo de dos modos de vida diferentes asumiéndolos como dos totalidades, tiene que experimentarlos tanto en su mente como en su afectividad con la misma simpatía como objetos de conocimiento histórico. La distinción entre períodos de primitivismo, períodos de grandeza y períodos de decadencia, no es ni puede ser jamás históricamente verdadera. Nos dice mucho de los historiadores, pero nada acerca de los hechos que estudian. El viejo dogma del progreso histórico único que llega hasta el presente, y el dogma moderno de los ciclos históricos, de un progreso múltiple que conduce hacia grandes edades y luego a la decadencia, son meras proyecciones de la ignorancia del historiador sobre la pantalla del pasado. La comprensión del sistema que queremos superar es algo que debemos retener a lo largo de todo el trabajo de superarlo, como un conocimiento del pasado que condiciona nuestra creación del futuro. De no ser este el caso, habrá cambio pero no progreso. Habremos perdido el gobierno de un grupo de problemas en nuestra ansiedad por resolver el siguiente, y ya sería hora de comprender que ninguna ley benéfica de la naturaleza nos va a salvar de nuestra ignorancia.[5]

Un individualismo secular, racionalista y progresista, dominaba el pensamiento ilustrado. Su objetivo principal era liberar al individuo de las cadenas del tradicionalismo ignorante de la Edad Media, de la superstición de las Iglesias, de la irracionalidad que dividía a los hombres en una jerarquía de clases altas y bajas según el nacimiento o algún otro criterio desatinado. El reinado de la libertad individual no podría tener sino las más beneficiosas consecuencias. El libre ejercicio del talento individual en un mundo de razón produciría los más extraordinarios resultados. La apasionada creencia en el progreso del típico pensador ilustrado reflejaba el visible aumento en conocimiento y técnica, en riqueza, bienestar y civilización, que podía ver en torno suyo y que atribuía con alguna justicia al avance creciente de sus ideas. La argumentación social de la economía

---

[5] R. G. Collingwood, *Idea de la Historia*, México, ed. Fondo de Cultura Económica, 1.974, pp. 307 y ss.

política de Adam Smith era a la vez elegante y consoladora. Era verdad que la humanidad consistía esencialmente en individuos soberanos de cierta constitución psicológica que perseguían su propio interés en competencia con el de los demás. Pero podía demostrarse que tales actividades, cuando se las dejaba producirse lo más incontroladamente posible, daban lugar no sólo a un orden social natural, sino también al más rápido aumento posible de la riqueza de las naciones, es decir, de la comodidad y el bienestar, y por lo tanto, la felicidad de todos los hombres. El libre juego de las fuerzas naturales destruiría todas las posiciones que no estuvieran edificadas sobre el bien común. El progreso era, por lo tanto, tan natural como el capitalismo. Si se removían los obstáculos artificiales que en el pasado se le habían puesto, se produciría de modo inevitable; y era evidente que el progreso de la producción marchaba codo a codo con el de las artes, las ciencias y la civilización en general.[6]

Nuestra concepción de la historia y del progreso está profundamente influenciada por tres revoluciones fundamentales: la revolución científica, la revolución industrial y la revolución político-económica que sustituyó el antiguo régimen feudal por sociedades democráticas cuyas relaciones de intercambio estaban regidas por el mercado. Lo radical de los cambios suscitados en la transición de las tradiciones medievales a la moderna forma de vida nos dejaron encantados con la idea de revolución como concepto explicativo de los procesos históricos. Aunque desde el punto de vista de las actividades humanas en general, en su práctica concreta, esta noción se fue relegando paulatinamente al campo de las ideas, de las ciencias y las artes, como concepto aceptado por el *status quo*. Sólo los movimientos denominados subversivos, marxistas, anarquistas o afines, se planteaban la revolución como forma de transformación político-económica. En la epistemología o filosofía de la ciencia contemporánea se utiliza el concepto de revolución científica como instrumento explicativo y no sólo descriptivo de los procesos de cambio a nivel teórico y empírico, pero la forma en que es introducido o usado por los diferentes autores o corrientes varía.

Si estudiamos con detenimiento las transformaciones que dieron origen a las revoluciones antes mencionadas, tratando de no equiparar sucesos

---

[6] Eric J. Hobsbawm, *Las Revoluciones Burguesas,* Madrid, ed. Guadarrama, 1.974, tomo 1 p. 47 y tomo 2 p. 421.

acaecidos en instantes muy separados en el tiempo, nos daremos cuenta de que no fueron tan bruscos como nos los quieren presentar. Por supuesto, si comparamos la manera en que vivía el hombre de las cavernas con la de un *yuppie* contemporáneo y además utilizamos los criterios *yuppies* de valoración, nos veremos obligados a concluir que la humanidad no sólo ha sufrido una profunda metamorfosis revolucionaria, sino que   su progreso tiende a infinito.

El Renacimiento, el volver la mirada hacia la Antigüedad clásica, había comenzado siglos antes como consecuencia de una crisis material que llevó a la Europa Medieval a una postración extrema. La destrucción del Imperio Romano, de sus vías de comunicación, la división de Europa en Feudos, la pérdida de gran parte de la ciencia Griega y de la tecnología agrícola Greco-Romana, todo lo anterior conjuntamente produjo como consecuencia las terribles hambrunas y pestes que azotaron y casi acabaron con la población Europea. Algunos calculan que de unos sesenta millones de habitantes en la época del Imperio Romano la población mermó hasta los doce millones. Esto ocasionó que pensadores como San Alberto Magno y Santo Tomás de Aquino, para sólo mencionar algunos, volvieran su mirada al pensamiento Griego para buscar salidas a tan profunda crisis. Se crean las primeras universidades, se reintroduce a Aristóteles en occidente. El desarrollo de los acontecimientos conducirá de una manera continua al Renacimiento y posteriormente a la revolución científica.

Los hombres del Renacimiento eran menos capaces que los medievales de ver la historia como un proceso con sentido, como un progreso, debido a que utilizaron la antigüedad clásica como paradigma tanto en el plano filosófico como en el político. Los medievales estaban más cercanos a la idea de la providencia divina, a la visión del mejoramiento del hombre hacia un destino superior, a pesar de que este destino fuera trascendente y sólo se cumpliera en el más allá. La secularización de esta visión constituirá una de las bases de la idea moderna de progreso.

El hombre contemporáneo obnubilado frente a los avances científico-tecnológicos se encuentra totalmente cegado por su brillo y ni siquiera se le ocurre preguntar por la posibilidad de que existieran algunos campos de la actividad humana o pertenecientes a la vida interior del individuo que no sólo pudieran no haber progresado, sino que por el contrario podrían haber degenerado e incluso desaparecido. La materialización trivial de la cultura ha eliminado esos problemas como preguntas fundamentales de la existencia del hombre. Pareciera que el único espacio crítico permisible es el ecológico, como si no existiera una contaminación y posible destrucción del espíritu, del arte, de la ética, y de la pregunta por el sentido de la vida. La desaparición de la conciencia como lugar desde donde se ejerce la negación como crítica verdadera, y no sólo pseudocrítica realizada dentro de unos límites preestablecidos considerados ontológicos y por ende incuestionables. Se retorna a la idea del hombre como una criatura sujeta a las leyes que rigen los procesos naturales cuya única posibilidad de realización se encuentra en los intercambios realizados en un mercado absolutamente libre de trabas, *homus hominis lupus* como condición de posibilidad del progreso y la felicidad.

Si matizamos nuestra visión de la historia encontramos que el volver la mirada hacia atrás, hacia la antigüedad clásica como algo que se debe imitar e incluso copiar, la búsqueda, traducción y estudio de los manuscritos antiguos, constituye sólo parte del movimiento Renacentista. Es un momento necesario al que algunos han denominado el período humanista, pero es sólo eso, un momento y una condición de posibilidad. Se dice que ciertos pensadores como Maquiavelo llegaron hasta cuestionar el uso de la pólvora porque los romanos no la habían utilizado. Pero también surge otro tipo de hombre en el Renacimiento, el que se siente portador de la antorcha, que siente el espíritu de aventura intelectual de la antigüedad dentro de él, su búsqueda del conocimiento, y que no copia sino crea. Estos son los hombres como Galileo o Leonardo que darán origen a los ingentes avances tanto en las ciencias como en las artes.

El pensador de la ilustración consideraba irracional la división de la sociedad en clases altas y bajas en función del nacimiento de las personas. Basándose en el avance de la ciencia y en el aumento de la riqueza material que percibía a su alrededor creía firmemente en el progreso. Soñaba con la felicidad que alcanzaría el hombre si los obstáculos que oponían al progreso los intereses de la Iglesia y el feudalismo fueran barridos. No tenía como nosotros la perspectiva de varios siglos de historia, muchos años de un proceso donde precisamente sus ideas son las que han conformado la nueva faz de la tierra, con sus tremendas y terribles desigualdades que en términos relativos son cada vez mayores. Un hombre obtenido como resultado que es una superfetación lógica parcial, con un cerebro inmensamente desarrollado en algunas áreas, aquellas que contribuyen a aumentar la productividad marginal de los diversos factores de producción. Pero sin crecimiento alguno en otros espacios de la conciencia o la afectividad que son desechados o considerados marginales, aunque en otro sentido de la palabra. Por supuesto, la cultura liberal deja abierta la posibilidad para que unos pocos *homus otiosus* puedan jugar en ellos, en la medida en que percibe la escasa demanda existente para las actividades relacionadas con la vida interior y profunda de los individuos, lo cual hace que el dejarlos abiertos sea inocuo o poco peligroso para el *status quo*.

Se sustituye la irracionalidad de una división en clases sustentada sobre el nacimiento, por una escisión en clases basada en la propiedad de los medios de producción. Ahora, en el presente, los nuevos ilustrados pretenden introducir un reciente matiz, una división en categorías de hombres en función de su productividad marginal. En vez de la humanidad, la novedosa concepción contempla el capital humano. Esta última forma de ordenamiento social es considerada natural, racional, éticamente justa y sobre todo eficiente. Pero después de tantos años de historia deberían ser capaces de poner de lado estos modelos teóricos con sus estructuras de axiomas y teoremas que intentan demostrar la riqueza y felicidad que se derivaría de su aplicación práctica, quitárselos como se quitan unos anteojos, y observar el mundo en que habitan. Si hicieran esto se encontrarían con que en lugar de la prometida riqueza de las naciones lo que confrontan es la inmensa riqueza de unos pocos países, en vez de la felicidad y riqueza de los individuos en general lo que contemplan es la de unos pocos privilegiados.

Con los anteojos puestos, *per contra*, los únicos obstáculos que ven los nuevos ilustrados para la realización de su sueño Panglossiano, en la medida en que la aristocracia y la Iglesia ya no constituyen un problema, son aquellos que se oponen al dominio absoluto del mercado sobre nuestros destinos. La respuesta que darían a mis anteriores observaciones críticas es que esas aberraciones son el producto de las restricciones de uno u otro tipo impuestas por el estado al mecanismo automático del mercado. La única forma de redimirnos de tan horrendo pecado histórico, de recuperar el tiempo perdido y volver al camino que nos conducirá a la tierra prometida, es regresar a la pureza de Smith, al obvio y sencillo sistema de la libertad natural.

Si por un momento asumiéramos la perspectiva neoliberal nos veríamos obligados a concluir que el socialismo, el Marxismo y toda forma de humanismo, constituirían elementos de una cultura obscurantista y de perdición. Serían el equivalente cultural en la actualidad de lo que fue la forma de vida y de reflexión del hombre medieval para el pensador Renacentista. Deberíamos retornar a la *Weltanschauung* del hombre progresista ilustrado como si el tiempo no hubiera transcurrido, recuperar aquellas ilusiones que se fueron perdiendo en el camino. Volver a contemplar el mundo con su mirada pura y transparente, así como los Renacentistas del período humanista intentaron verlo a través de los textos de los clásicos griegos y romanos.

Pareciera que la concepción cíclica de la historia propuesta por los pensadores del Renacimiento tuviera un contenido de verdad superior al que normalmente se le adjudica, incluso que la diabólica espiral del eterno retorno a lo mismo de Nietzsche sería también un modelo explicativo adecuado para la comprensión de los procesos históricos.

En los capítulos anteriores referentes a la historia de las matemáticas hicimos hincapié en el largo proceso de desarrollo continuo y acumulativo que la caracterizó durante milenios, incluso durante el período de la Revolución Científica. En el presente capítulo, dedicado a consideraciones generales y conclusiones, revisaremos algunos de los aspectos problemáticos de su historia que nos pueden ayudar a matizar la imagen canónica de esta importante actividad humana. Es necesario destacar aunque pudiera parecer paradójico que mientras en occidente se suscitaban las más profundas transformaciones revolucionarias en el ámbito político, la física Newtoniana progresó en forma ininterrumpida hasta el presente siglo. En la misma forma que las matemáticas evolucionaron de una manera continua y acumulativa, sin discutir las bases de su milenaria tradición, cuando al mismo tiempo se estaba cuestionando el paradigma Aristotélico-Tolemaico para sustituirlo por la síntesis Newtoniana, lo que algunos denominan la Revolución Científica y otros la Revolución Copernicana. La discusión efectiva sobre los fundamentos de las matemáticas tendría que esperar hasta el siglo XIX por el movimiento de rigorización.

La doctrina del diseño matemático de la naturaleza por parte de Dios comienza a ser erosionada por el trabajo investigativo de los propios matemáticos. El triunfo de las matemáticas convenció a los intelectuales del inmenso poder de la razón y esto los llevó a intentar su utilización en la justificación de las doctrinas religiosas y éticas prevalecientes, pero las consecuencias de este movimiento fueron devastadoras. Eliminó la ortodoxia religiosa y surgieron diversas doctrinas alternativas como el deísmo, el agnosticismo y el mismo ateísmo. La creencia de que Dios había diseñado la naturaleza matemáticamente comenzó a debilitarse y esto a su vez condujo al cuestionamiento del carácter necesariamente verdadero de las leyes de la naturaleza. Para Diderot, el objeto de estudio de las matemáticas es un asunto de convenciones que no tienen fundamento en la realidad y Hume rechaza la doctrina de un mundo exterior regido por leyes matemáticas fijas, lo cual a su vez implica la destrucción del valor de la estructura lógica deductiva que pretendía dar cuenta de la realidad. La verdad es inalcanzable para el hombre.[7]

Ante el ataque a la certeza e incluso a la razón por parte de Hume, Kant responde. Los matemáticos y filósofos como Kant tienen una concepción completamente diferente del origen de la certeza de nuestros conocimientos. Los matemáticos consideran que el orden es objetivo, está en la naturaleza, la estructura tiene un *status* ontológico. Algunos, como hemos visto anteriormente, piensan que esto se debe a que Dios construyó el universo matemáticamente, el eterno geometrizador de Platón. Para Kant, *per contra*, el orden que percibimos en el mundo exterior es producto de nuestras intuiciones puras y *a priori* del espacio y el tiempo. El orden tiene un origen subjetivo, es impuesto sobre el mundo exterior por nuestra propia facultad cognoscitiva. En la medida en que Kant piensa que el espacio es un constructo de nuestra mente no encuentra ninguna dificultad en considerarlo Euclideo, su incapacidad para concebir otra geometría lo convence de que no puede existir una diferente. Las leyes de la geometría son el instrumento con el cual el hombre organiza y racionaliza sus sensaciones, estas leyes no son inherentes al universo ni el universo fue geométricamente diseñado por Dios. Nuestras estructuras teóricas carecen de *status* ontológico. La geometría Euclidea y la mecánica Newtoniana son la única forma posible de organizar nuestra experiencia, nunca habrá una manera diferente.

---

[7] Morris Kline, *op. cit.*, p. 75.

Pero la geometría Euclidea no es necesariamente la geometría del espacio físico, su verdad física no puede ser garantizada *a priori*. La comprensión de este hecho fundamental se la debemos a Gauss. Gauss no sólo mostró la aplicabilidad de la geometría no Euclidea sino que además no podíamos estar seguros de la verdad de la geometría Euclidea. El sólo hecho de tener que reconocer la posibilidad de que existieran geometrías alternativas tuvo un impacto tremendo sobre la comunidad científica, pero una conmoción todavía mayor provino del tener que aceptar la imposibilidad de decidir cuál de las diferentes geometrías propuestas era la verdadera, o si alguna de ellas era verdadera. Se entendió claramente que los matemáticos habían asumido como correctos axiomas para la geometría sobre la base de una experiencia limitada y se habían engañado al pensar que estos axiomas eran evidentes por sí mismos.

La introducción de los cuaterniones por William Hamilton, en 1843, es otro duro golpe para los matemáticos. A pesar de su utilidad física, esta nueva álgebra carece de una propiedad fundamental para todos los números reales y complejos, la propiedad conmutativa de la multiplicación: ab=ba. En su obra *Contando y Midiendo*, publicada en 1887, Herman Von Helmholtz llega a la conclusión de que sólo la experiencia puede decirnos dónde son aplicables las leyes de la aritmética. Las propiedades de los números enteros no son aplicables en la explicación de muchos fenómenos físicos y podemos introducir operaciones aritméticas diferentes a las usuales y generar nuevas aritméticas que sí son aplicables. Por lo tanto, no se puede hablar de la aritmética como un conjunto de verdades que necesariamente son aplicables al mundo físico, y en la medida en que el álgebra y el análisis son extensiones de la aritmética, ellas tampoco son verdaderas. Los matemáticos se vieron obligados a aceptar la triste conclusión de que no hay verdad en las matemáticas, si entendemos las matemáticas como un conjunto de leyes verdaderas que nos describen la estructura del mundo real.

Las dificultades anteriormente descritas condujeron a los matemáticos a revisar la estructura lógica de sus razonamientos para ver si podían subsanarlas, pero se encontraron con que la lógica de los razonamientos matemáticos dejaba mucho que desear. El desarrollo de las matemáticas parecía más ilógico que lógico. Como consecuencia de esto, el movimiento denominado de rigorización de las matemáticas ocupó fundamentalmente la investigación de los matemáticos de finales del siglo XIX. Surgieron puntos de vista diferentes para tratar de establecer la consistencia de las matemáticas, las divergencias giraban en torno a la aceptabilidad de ciertos axiomas y de algunos principios de la lógica deductiva. No sólo intentaban eliminar las paradojas o contradicciones existentes, sino además eliminar las condiciones de posibilidad de la aparición de nuevas contradicciones. Como si todo lo anterior no fuera suficiente, Kurt Gödel publica en 1931 su famoso trabajo "Sobre las proposiciones formalmente indecidibles de los *Principia Mathematica* y sistemas conexos", donde demuestra que los principios lógicos aceptados por las diferentes escuelas no pueden probar la consistencia de las matemáticas. La consistencia de cualquier sistema matemático que sea suficientemente amplio para incluir la aritmética de los números enteros no puede ser establecida por los principios lógicos adoptados por las diferentes escuelas que pretenden fundamentar las matemáticas: formalistas, logicistas y la fundamentación sobre la base de la teoría de conjuntos.[8]

En la mayoría de los manuales actuales de introducción al pensamiento científico, matemático, metodológico o epistemológico, las matemáticas son propuestas como ejemplo de certeza y exactitud para el razonamiento. Los conceptos matemáticos y sus derivaciones han constituido la esencia de las teorías científicas, las leyes matemáticas nos han descubierto los secretos del universo. Se pensaba que mediante la aplicación de su lógica infalible las matemáticas producirían conclusiones irrefutables, pero la historia de la ciencia nos ha demostrado lo contrario. Los axiomas y teoremas de las matemáticas no son verdades necesarias acerca del mundo. Las matemáticas nos ofrecen sólo teorías o modelos, nuevas teorías matemáticas reemplazan las anteriores cuando la experiencia o la experimentación muestran que la nueva teoría presenta una correspondencia más cercana con la realidad.

Hoy en día sabemos que las matemáticas no poseen las cualidades que en el pasado le valieron el respeto y la admiración universales. No obstante, el desconocimiento de esta situación por parte de la mayoría de los científicos sociales, intelectuales y humanistas, en general, origina dos posiciones igualmente erradas:

1.- La de aquellos que consideran que las ciencias sociales deben seguir una matematización similar a la de la física y demás ciencias naturales.

---

[8] *Ibid.*, pp. 260-261.

2.- Los que piensan que las matemáticas no son aplicables en el estudio de los fenómenos sociales, precisamente por sus cualidades específicas las cuales se consideran contradictorias con la naturaleza de lo social.

El problema estriba en que la imagen que tienen la mayoría de los científicos sociales y humanistas, tanto de las matemáticas en sí mismas como de la relación entre las matemáticas y las ciencias naturales, está plagada de una serie de mitos y errores que hoy día sería anacrónico sostener. A todo lo largo de este trabajo hemos intentado aclarar, en la medida de lo posible, esta compleja e interesantísima situación.

Hemos estudiado los procesos de evolución conceptual tanto en la física como en las matemáticas para poder comprender la forma en que progresan, y cuáles son sus características específicas o los criterios de demarcación que nos permiten diferenciar la ciencia de las otras actividades humanas. Si comparamos la historia de estas ciencias con la de la ética, la religión, la política o las artes en general, lo primero que notamos es que el progreso en la ciencia es un hecho universalmente reconocido y que a pesar de las divergencias existentes entre las distintas corrientes epistemológicas e historiográficas se pueden definir con bastante claridad criterios o parámetros que nos permiten concebir en qué consiste ese progreso, cuáles son sus condiciones de posibilidad y por qué se ha dado. Mientras que en las demás actividades humanas la definición de estos criterios de valoración parece mucho más compleja y el progreso no es tan evidente. Algunos afirmarían que en ciertas actividades como las artes sólo podría hablarse de progreso durante ciertos períodos y relativo a ciertos problemas específicos. La utilización de la palabra progreso tendría algún sentido si comparamos las obras de Giotto, Massaccio y Velázquez, pero carecería de significado si confrontamos los trabajos de Leonardo da Vinci con los de Piet Mondrian. Otros afirman que en algunas actividades humanas no puede hablarse en absoluto de progreso, e incluso se verían inclinados a utilizar términos como retroceso o degeneración.

No obstante, cuando se refieren a la sociedad como un todo la mayoría de las personas no dudaría en aseverar que la civilización occidental definitivamente ha progresado en los últimos dos mil quinientos años. Pensamos que cuando se asume esta posición en la actualidad el hecho básico e indiscutible en que se sustenta, consciente o subconscientemente, es el ingente avance de la ciencia y de sus derivaciones tecnológicas que han transformado por completo la vida del hombre. De ahí que hayamos considerado fundamental el tratar de precisar en qué consiste este avance y cuáles son las condiciones de su posibilidad. Pero también es importante evaluar el costo de oportunidad del tipo de sociedad científico-tecnológica que hemos asumido como modelo. Preguntarnos *qui bono*, a quién ha beneficiado, cuáles son los costos en que hemos incurrido y qué otras vías o alternativas existen.

La ciencia y la tecnología no han progresado en la forma abrumadora en que lo han hecho, por obra y gracia del Espíritu Santo, o sólo como producto de la absoluta genialidad de los científicos que han originado sus fabulosos cambios, algunos de los cuales hemos analizado en el presente trabajo. Se puede constatar que después de los avances tecnológicos realizados en los procesos de producción durante la primera revolución industrial, los empresarios y los gobiernos de las naciones inteligentes se percataron de las inmensas posibilidades que podrían derivarse de los descubrimientos científicos. A partir de ese momento, la ciencia dejó de ser una actividad de investigadores que se parecían más a los brujos, magos o excéntricos medievales y comenzó a formar parte privilegiada de las inversiones tanto privadas como públicas. Era obvio para los dirigentes de la sociedad que la investigación científica y sus derivaciones tecnológicas constituían instrumentos fundamentales para la reproducción ampliada del capital, o utilizando otra terminología, para aumentar la productividad marginal de dicho factor. Las grandes inversiones en la investigación que han sido un elemento preponderante para el progreso de las ciencias naturales, son el resultado de una cultura de la competencia por la dominación de los mercados a nivel mundial y no tienen como objetivo la felicidad o el bienestar del hombre común. Los indudables avances que en el plano material se han alcanzado en algunos países son efectos colaterales no la meta principal, que en la *Weltanschauung* dominante no es otra que: la ganancia.

El costo de esta cultura cientificista al servicio del poder y del dinero es, que las demás actividades humanas han sido relegadas a un plano secundario o han desaparecido casi por completo como objeto académico de investigación. Los estudios humanísticos, cuando se realizan, constituyen un lujo que puede darle algún brillo a quien los ejecuta individualmente y a la sociedad que los patrocina, pero sus consecuencias o los logros intelectuales que indudablemente son alcanzados no trascienden un ámbito estrictamente elitesco. No tienen consecuencias importantes para la sociedad como un todo, que lo único que consume conjuntamente con las drogas es lo que algunos han denominado cultura de masas. Ambos mercados, tanto el de la cultura de masas como el de las drogas, originan pingües ganancias. Este es un tipo de indicador que los investigadores sociales, sobre todo los economistas, no toman en cuenta en sus análisis del grado de desarrollo de las economías o sociedades que estudian.

La importancia de la ciencia *vis a vis* las preocupaciones humanísticas se traduce de una manera clara y distinta en los programas educativos. El tiempo en horas aula dedicado a la ciencia y a las matemáticas supera con creces los estudios humanísticos, incluso en carreras pertenecientes al área social como la economía.

El resultado obtenido a partir de un proceso educativo con las características anteriormente descritas, y del continuo bombardeo a través de los medios de comunicación de todo tipo para aumentar la propensión al consumo, es una sociedad que ha desarrollado de una manera cuasi prodigiosa una parte de su cerebro mientras que las demás se han anquilosado, y ni que hablar del corazón y los sentimientos. Las personas como individualidades son tasadas de acuerdo a su productividad marginal, y ésta a su vez es una función de la demanda de los bienes que directa o indirectamente contribuyen a producir. Pero las masas consumidoras al carecer de una educación humanística y de preocupaciones afectivas trascendentes lo único que demandan son bienes materiales y su complemento obligado que no es otro que la cultura de masas. Estos bienes materiales aumentarán su competitividad en el mercado en la medida en que incorporen como valor añadido más y más novedosos avances tecnológicos. La ciencia al servicio de un poder que se alimenta de un mercado ignorante e insensible, para no hablar de la dominación directa ejercida a través de la aplicación de la ciencia al arte de la guerra y a la industria y producción de armamentos.

En países subdesarrollados como el nuestro es un asunto de supervivencia el dar una educación científica y tecnológica adecuada, de lo contrario pereceremos. Pero el dejar de plantearnos los problemas que se derivan del tipo de progreso que ha escogido la civilización occidental y que además ahora siguen también la mayoría de los países orientales es una irresponsabilidad para cualquier persona que posea un mínimo nivel de conciencia. El que la casi totalidad de las naciones que conforman la aldea global del planeta tierra se encuentren transitando ese camino no demuestra su validez. Que una gran cantidad de personas sostengan una misma opinión no demuestra su verdad, pensar lo contrario es una de las características más peligrosas de la cultura de masas. Los grandes avances de la ciencia que hemos estudiado a lo largo de este trabajo no provinieron de enormes grupos de investigadores, sino que por el contrario fueron el resultado del trabajo de comunidades científicas que se caracterizan precisamente por lo reducido de su personal.

El limitar la crítica a las dificultades puramente ecológicas provenientes de la forma escogida de desarrollo, nos parece un síntoma de una sociedad que ha perdido su carácter humano y que se contempla a sí misma sólo en su aspecto animal. La ciencia y la tecnología nos convierten indudablemente en unos animales más fuertes, pero eso no significa ni implica que nos transformen en unos seres mejores. Es el uso que de esa ciencia y esa tecnología hagamos lo que determina el que progresemos o no en ese sentido. La belleza, la ternura y la felicidad trascienden el ámbito de la ciencia. Sólo una ciencia y una tecnología manejadas por individuos y naciones que luchen por constituir una cultura articulada en torno a valores como la felicidad, la ternura y la belleza podrán ayudarnos a construir un mundo mejor, y a trascender la actual barbarie que se nos pretende presentar como el mejor de los mundos posibles y la única alternativa a seguir.

Leonardo da Vinci *"The Virgin and Child with Saint Anne and Saint John the Baptist"*

Bibliografía

1) Althusser, Louis y Etiene Balibar : *Para leer El Capital*, México, ed. Siglo veintiuno, 1.974.

2) Althusser, Louis : *Escritos*, Barcelona, ed. Laia, 1.974.

3) Althusser, Louis : *Ideología y aparatos ideológicos de Estado*, Caracas, ed. Movimiento, 1.973.

4) Althusser, Louis : *La Revolución Teórica de Marx*, México, ed. Siglo veintiuno, 1.974.

5) Althusser, Louis : *Materialismo histórico y materialismo dialéctico*, Argentina ed. P y P, 1.972.

6) Althusser, Louis : *Para una crítica de la práctica teórica* (Respuesta a Jhon Lewis), Argentina, ed. Siglo veintiuno, 1.974.

7) Amín, Samir y otros : *Leyendo El Capital*, Madrid, ed. Fundamentos, 1.972.

8) Amín, Samir : *Capitalismo periférico y comercio internacional*, Argentina, ed. Periférica, 1.074.

9) Amín, Samir : *El desarrollo desigual*, (Ensayo sobre las formaciones sociales del Capitalismo Periférico), Barcelona, España, ed. Fontanella, 1.975.

10) Apostol, Tom M. : *Calculus*, Barcelona, ed. Reverte, 1985.

11) Aristóteles : *The works of Aristotle*, en Great Books of the Western World, Vol. 8-9, Chicago, ed. Encyclopaedia Britannica, 1.971.

12) Auerbach, Erick: *Mimesis : La Realidad en la Literatura*, México, ed. F.C.E., 1.975.

13) Austin, J.L. : *How to do things with words*, Oxford, ed. Oxford University Press, 1.976.

14) Ayer, A.J. : *Russell*, London, ed. Fontana, 1.972.

15) Bacon, Francis : *Novum Organum*, en Great Books of the Western World, Vol. 30, Chicago, ed. Encyclopaedia Britannica, 1.977.

16) Baldor, Aurelio : *Álgebra*, Caracas, ed. Cultural Venezolana, 1988.

17) Baldor, Aurelio : *Aritmética*, Caracas, ed. Cultural Venezolana, 1986.

18) Baran, Paul A. y Paul M. Sweezy : *Monopoly Capital*, Great Britain, ed. Penguin Books, 1.973. Hay traducción al español: Paul A. Baran y Paul M. Sweezy, *El Capital Monopolista*, México, ed. Siglo veintiuno, 1.973.

19) Baran, Paul A. : *La economía política del crecimiento*, México, ed. F.C.E., 1.975.

20) Béguin, Albert : *El alma romántica y el sueño*, Madrid, ed. F.C.E., 1.978.

21) Beramendi, J.G. y E. Fioravanti : *Miseria de la Economía*, Barcelona-España, ed. Península, 1.974.

22) Bernal, Jhon D. : *La ciencia en nuestro tiempo*, México, ed. Universidad Nacional Autónoma de México, 1.960.

23) Bochenski, I.M. : *Historia de la lógica formal*, Madrid, ed. Gredos, 1.966.

24) Bourbaki, Nicolas : *Elementos de Historia de las Matemáticas*, Madrid, ed. Alianza, 1976.

25) Braverman, Harry : *Trabajo y Capital Monopolista*, México, ed. Nuestro tiempo, 1.975.

26) Butterfield, Herbert : *The Origins of Modern Science*, New York, ed. The Free Press, 1.965.

27) Carnap, Rudolf : *Fundamentación lógica de la física*, Buenos Aires, ed. Suramericana, 1.969.

28) Carnap, Rudolf : *Fundamentos de lógica y matemática*, Madrid, ed. JB, 1.975.

29) Carnap, Rudolf : *Logical foundations of probability*, Chicago, ed. University of Chicago Press, 1.971.

30) Carnap, Rudolf : *Meaning and Necessity*, Chicago, ed. The University of Chicago Press, 1.975.

31) Carnap, Rudolf : *The logical syntax of language*, London, ed. Routledge Kegan Paul, 1.971.

32) Carroll, Lewis : *Alice's Adventures under Ground*, New York, ed. Dover, 1.965.

33) Carroll, Lewis : *El Juego de la Lógica*, Madrid, ed. Alianza.

34) Castro A. y C. Lessa : *Introducción a la economía* (un enfoque estructuralista), México, ed. Siglo veintiuno, 1974.

35) Cavell, Stanley : *Must we mean what we say?*, Cambridge, ed. Cambridge University Press, 1.977.

36) Cervantes, Miguel de : *Don Quijote de la Mancha*, en Obras Completas, Madrid, ed. Aguilar, 1.952.

37) Cohen, M. y E. Nagel : *Introducción a la lógica y al método científico*, Buenos Aires, ed. Amorrortu, 1971.

38) Colletti, Lucio : Entrevista de Perry Anderson a Lucio Colletti, en cuadernos políticos, Revista trimestral, publicada por Ediciones Era, número 4, México, abril-junio de 1.975.

39) Colletti, Lucio : *Ideología y sociedad*, Caracas, ed. U.C.V., 1974.

40) Colletti, Lucio : Introducción a los *Early Writings* de Karl Marx, London, ed. Penguin Books, 1.974.

41) Collingwood, R. G. : *Idea de la Historia*, México, ed. Fondo de Cultura Económica, 1.974.

42) Copi, Irving M. : *Introduction to Logic*, New York, ed. Macmillan, 1972.

43) Copleston, Frederick : *A History of Philosophy*, New York, ed. Image Books, 1962.

44) Cornell, James, Ed. : *Bubbles, voids and bumps in time : the new cosmology*, Cambridge, ed. Cambridge University Press, 1991.

45) Courant, Richard y Herbert Robbins : *What is Mathematics?*, New York, ed. Oxford University Press, 1943.

46) Cournot, Antoine - Augustine : *Investigaciones Acerca de los Principios Matemáticos de la Teoría de las Riquezas*, Madrid, ed. Alianza, 1969.

47) Chiang, Alpha C. : *Métodos Fundamentales de Economía Matemática*, México, ed. Mc Graw Hill, 1993.

48) Davies, Paul y John Gribbin : *Los Mitos de la Materia*, Madrid, ed. McGraw- Hill, 1995.

49) Deaño, Alfredo : *Introducción a la Lógica Formal*, Madrid, ed. Alianza Universidad, 1.974.

50) Della Volpe, Galvano : *Rousseau y Marx*, Barcelona-España, ed. Martínez Roca, 1.972.

51) *Discoveries and Opinions of Galileo*, selección e introducción de Stillman Drake, New York, ed. Doubleday, 1957.

52) Dobb, Maurice : *Teoría del valor trabajo y de la distribución desde Adam Smith* (Ideología y teoría económica), Argentina, ed. Siglo veintiuno, 1.975.

53) Dornbush, Rudiger y Stanley Fischer : *Macroeconomics*, Singapore, ed. McGraw - Hill, 1990.

54) Doroteiev G. , M. Potapov y N. Rozov : *Temas Selectos de Matemáticas Elementales*, Moscú, ed. Mir, 1973.

55) Due, Jhon F. : *Análisis Económico*, Argentina, ed. Eudeba, 1.974.

56) Duhem Pierre : *To Save the Phenomena*, Chicago, ed. The University of Chicago Presss, 1969.

57) Duhem, Pierre : *The Aim and Structure of Physical Theory*, New York ed. Atheneum , 1962.

58) Duno, Pedro : *Los doce apóstoles*, Valencia-Venezuela, ed. Vadel hermanos, 1.975.

59) Eco, Umberto : *La estructura ausente* (Introducción a la semiótica), Barcelona-España, ed. Lumen, 1.972.

60) Eddington, Sir Arthur : *Space, time and gravitation*, New York, ed. Harper Torch books, 1.959.

61) Eddington, Sir Arthur : *The Nature of the Physical World*, Michigan, ed. The University of Michigan Press, 1974.

62) Eddington, Sir Arthur : *The Philosophy of Phisical Science*, Michigan, ed. Ann Arbor Paperbacks, 1958.

63) Einstein, Albert y Leopoldo Infeld : *The Evolution of Physics*, New York, ed. Simon and Schuster, 1.961.

64) Einstein, Albert : *The meaning of Relativity*, Princeton, New Jersey, ed. Princeton University Press, 1.950.

65) Einstein, Albert : *La Relatividad*, México, ed. Grijalbo, 1970.

66) Einstein, Albert : *The World as I See It*, New York, ed. The Wisdom Library, 1949.

67) Einstein, Albert : *Out of My Later Years*, New Jersey, ed. The cita del Press, 1977.

68) Ekelund, Robert B. y Robert F. Hébert : *Historia de la Teoría Económica y de su Método*, Madrid, ed. McGraw - Hill, 1992.

69) Engels, F. : *Antidühring*, México, ed. Grijalbo, 1968.

70) Engels, F. : *Del socialismo Utópico al Socialismo Científico*, en C. Marx y F. Engels, Obras Escogidas , tomo III, p. 98, Moscú, ed. Progreso, 1.974.

71) Engels, F. : *Ludwing Feuerbach y el fin de la filosofía clásica alemana*, en C. Marx y F. Engels, Obras Escogidas , tomo III, p. 353, Moscú, ed. Progreso, 1.974.

72) Enriques, F. y otros : *Fundamentos de la Geometría*, Buenos Aires, ed. Ibero-Americana, 1948.

73) Erasmo, Desiderio : *Elogio de la Locura*, Madrid, ed. Mediterráneo, 1973.

74) Euclid , *The Thirteen Books of Euclid's Elements.* Archimedes, *The Works of Archimedes Including the Method.* Apollonius of Perga, *On Comic Sections.* Nicomachus of Gerasa, *Introduction to Arithmetic*, en Great Books of the Western World, Vol. 11, Chicago, ed. Encyclopaedia Britannica, 1971.

75) Descartes, René : *Discurso del Método, Dióptrica, Meteoros y Geometría*, Madrid, ed. Alfaguara, 1981.

76) Descartes, René : *Reglas para la Dirección de la Mente*, Maracaibo, ed. Universidad del Zulia, 1968.

77) Faddier D. e I. Sominski : *Problemas de Algebra Superior*, Moscú, ed. Mir, 1980.

78) Fernández, Juan y Juan Tugores : *Fundamentos de Microeconomía*, Madrid, ed. Mc Graw Hill, 1992.

79) Fernández, Díaz Andrés : *La Economía de la Complejidad*, Madrid, ed. McGraw - Hill, 1994.

80) Feyerabend, Paul : *Against Method,* London, ed. Verso, 1.979.

81) Feyerabend, Paul : *Science in a Free Society,* London, ed. N.L.B., 1.978.

82) Fioravanti, Eduardo : *El Capital monopolista internacional*, Barcelona-España, ed. Península, 1.976.

83) Fischer, Stanley, Rudiger Dornbush y Richard Shmalensee : *Economía*, Madrid, ed. Mc Graw Hill, 1989.

84) Foucault, Michelt : *Las palabras y las cosas*, México, ed. Siglo veintiuno, 1.972.

85) Frank, Robert H. : *Microeconomía y Conducta*, Madrid, ed. Mc Graw Hill, 1992.

86) Frege, Gottlob : *Fundamentos de la Aritmética*, Barcelona, ed. Laia, 1973.

87) Frege, Gottlob : *Estudios Sobre Semántica*, Barcelona, ed. Ariel, 1973.

88) Frege, Gottlob : *Escritos Lógico - Semánticos*, Madrid, ed. Tecnos, 1974.

89) Freud, Sigmund : *The Standard Edition of the Complete Psychological Works of Sigmund Freud*, London, ed. The Hogarth Press, 1975. Editados y traducidos por James Strachey en colaboración con Anna Freud.

90) Friedman, Milton : *Essays in Positive Economics*, Chicago, ed. The University of Chicago Press, 1953.

91) Galeano, Eduardo : *Las venas abiertas de América Latina*, México, ed. Siglo veintiuno, 1.976.

92) Galileo Galilei : *Dialogues Concerning the Two New Sciences*, en Great Books of the Western World, Vol. 28, Chicago, ed. Encyclopaedia Britannica, 1971.

93) García Bacca, J.D. : *Lecciones de historia de la filosofía*, Caracas, ed. U.C.V., 1.972.

94) Gardner, Martin : *Festival Mágico - Matemático*, Madrid, ed. Alianza, 1978.

95) Garrido, Manuel : *Lógica simbólica*, Madrid, ed. Tecnos, 1974.

96) Gleick, James : *Chaos*, New York, ed. Penguin Books, 1.988.

97) Gombrich, E.H. : *The Story of Art*, New York, ed. Phaidon, 1.978.

98) Goodman, Nelson : *The Structure of Appearance*, Dordrecht, ed. D. Reidel, 1977.

99) Gramsci, Antonio : *Introducción a la filosofía de la praxis*, Barcelona-España, ed. Península, 1.972.

100) Granville, William Anthony, Smith y Longley : *Cálculo Diferencial e Integral*, México, ed. Uteha, 1967.

101) Grünbaum, Adolf : *Philosophical Problems of Space and Time*, Dordrecht, ed. D. Reidel, 1974.

102) Hall, H. S. y S. R. Knight : *Algebra Superior*, México, ed. UTEHA, 1948.

103) Hanson, Norwood Rusell : *Patrones de Descubrimiento, Observación y Explicación*, Madrid, ed. Alianza Universidad, 1977.

104) Hanson, Norwood Rusell : *Constelaciones y Conjeturas*, Madrid, ed. Alianza, 1978.

105) Hartman, Nicolai : *La Filosofía del Idealismo Alemán*, Argentina, ed. Sudamericana, 1.960.

106) Hartnack, Justus : *Wittgenstein y la filosofía contemporánea,* Barcelona-España, ed. Ariel, 1972.

107) Hawking, Stephen W. : *A Brief History of Time,* New York, ed. Bantam Books, 1.988.

108) Hawking, Stephen W. : *Agujeros Negros y Pequeños Universos,* México, ed. Planeta, 1994.

109) Hayek, Friedrich A. : *Camino de Servidumbre,* Madrid, ed. Alianza, 1978.

110) Hegel, G.W.F. : *Lecciones sobre la filosofía de la historia universal,* Madrid, ed. Revista de Occidente, 1.974.

111) Hegel, G.W.F. : *Ciencia de la lógica,* Argentina, ed. Solar/ Hachette, 1.971.

112) Hegel, G.W.F. : *Early Theological Writings,* Philadelphia, ed.University of Pennsylvania Press, 1.971.

113) Hegel, G.W.F. : *Encyclopaedia of the Philosophical Sciences,* Oxford, ed. Oxford University Press, 1.975.

114) Hegel, G.W.F. : *Fenomenología del Espíritu,* México, ed. F.C.E., 1.973.

115) Hegel, G.W.F. : *Hegel's Lectures on the History of Philosophy,* London, ed. Routledge and Kegan Paul, 1.974.

116) Hegel, G.W.F. : *Hegel's Political Writings,* Oxford, ed. Oxford University Press, 1.961.

117) Hegel, G.W.F. : *The Philosophy of Right,* en Great Books of the Western World, Vol. 46, Chicago, ed. Encyclopaedia Britannica, 1.971.

118) Heisenberg, Werner : P*hysics and Philosophy*, New York, ed. Harper Brother, 1958.

119) Hempel, Carl G. : *Aspects of Scientific Explanation and other Essays in the Philosophy of Science,* New York, ed. The Free Press, 1.970.

120) Hempel, Carl G. : *Filosofía de la ciencia natural,* Madrid, ed. Alianza Universidad, 1.971.

121) Hilferding, Böhm-Bawerk y Bortkiewicz : *Economía Burguesa y Economía Socialista,* con introducción de Paul Sweezy, Argentina, ed. Pasado y Presente, 1.974.

122) Hobsbawm, Eric J. : *Las Revoluciones Burguesas,* Madrid, ed. Guadarrama, 1.974.

123) Hölderlin, Friedrich : *Hiperión,* Buenos Aires, ed. Marymar, 1976.

124) Howard, Anton : *Introducción al Álgebra Lineal,* México, ed. Limusa, 1995.

125) Hume, David : *An Enquiry Concerning Human Understanding.* John Locke : *An Essay Concerning Human Understanding.* George Berkeley : *The Principles of Human Knowledge,* en Great Books of the Western World, Vol. 35, Chicago, ed. Encyclopaedia Britannica, 1971.

126) Hyppolite, Jean : *Génesis y estructura de la fenomenología del espíritu de Hegel,* Barcelona-España, ed. Península, 1.974.

127) Jammer, Max: : *Conceptos de espacio,* México, ed. Grijalbo, 1.970.

128) Janik, Allan y Stephen Toulmin : *La Viena de Wittgenstein,* Madrid, ed. Taurus, 1.974.

129) Kant: : *Crítica de la razón pura,* Buenos Aires, ed. Losada, 1.967.

130) Kenny, Anthony : *Wittgenstein*, England, ed. Pelikan Books, 1.975.

131) Kleene, Stephen C. : *Introducción a la Metamatemática*, Madrid, ed. Tecnos, 1974.

132) Kline, Morris : *Mathematics. The Loss of Certainty*, New York, ed. Oxford University Press, 1.980.

133) Kline, Morris : *Mathematics. A Cultural Approach*, Reading, ed. Addison - Wesley, 1962.

134) Kline, Morris : *Mathematics and the Physical World*, New York, ed. Doubleday, 1963.

135) Kline, Morris : *Mathematics in Western Culture*, New York, ed. Oxford University Press, 1978.

136) Kneale, William y Martha : *El desarrollo de la lógica*, Madrid, ed. Tecnos, 1.972.

137) Kojeve, A. : *La dialéctica del amo y el esclavo en Hegel*, Buenos Aires, ed. La Pleyade, 1.971.

138) Koyré, Alexandre : *Estudios de la historia del pensamiento científico*, México, ed. Siglo XXI, 1.928.

139) Koyré, Alexandre : *Estudios Galileanos*, Madrid, ed. Siglo XXI, 1.980.

140) Koyré, Alexandre : *From the close world to the infinite Universe*, Baltimore, ed. The Johns Hopkins University Press 1.976.

141) Koyré, Alexandre : *Newtonian Studies*, Chicago, ed. The University of Chicago Press, 1.968.

142) Kraft, Victor : *El Círculo de Viena*, Madrid, ed. Taurus, 1.966.

143) Kreps, David : *Curso de Teoría Microeconómica,* Madrid, ed. Mc Graw Hill, 1995.

144) Kuhn, Thomas S. : *La estructura de las revoluciones científicas,* México, ed. F.C.E., 1.975.

145) Kuhn, Thomas S. : *La teoría del cuerpo negro y la discontinuidad cuántica, 1894-1912* , Madrid, ed. Alianza, 1.980.

146) Kuhn, Thomas S. : *The Copernican Revolution,* Cambridge, Massachusetts, ed. Harvard, 1.979.

147) Kuhn, Thomas S. : *The Essential Tension,* Chicago, ed. The University of Chicago Press, 1.977.

148) *La concepción analítica de la filosofía,* selección e introducción de Javier Muguerza, Madrid, ed. Alianza Universidad, 1.974.

149) *La teoría de la relatividad,* selección de L. Pearce Williams, ed. Alianza Universidad, 1.973.

150) Lakatos, Imre and Alan Musgrave, Eds. : *Criticism and the Growth of Knowledge,* Cambridge, ed. Cambridge University Press, 1.977.

151) Lakatos, Imre : *Mathematics, science and epistemology,* Cambridge, ed. Cambridge University Press, 1.978.

152) Lakatos, Imre : *The Methodology of Scientific Research Programs,* Cambridge, ed. Cambridge University Press, 1978.

153) Lakatos, Imre : *Proofs and Refutations,* London, ed. Cambridge University Press, 1.979.

154) Lange, Oskar : *Económia política,* México, ed. F.C.E., 1.974.

155) Latsis, Spiro : *Method and appraisal in economics,* Cambridge, ed. Cambridge University Press, 1.978.

156) Lavoisier, Antoine Laurent : *Elements of Chemistry,* en Great Books of the Western World, Vol. 45, ed. Encyclopaedia Britannica, 1.971.

157) Leibniz, G. W. : *Monadología. Discurso de Metafísica. Profesión de Fe del Filósofo,* Barcelona, ed. Orbis, 1983.

158) Lenin, V.I. : *Obras Completas,* Buenos Aires, ed. Cartago, 1.969.

159) Lepage, Henri : *Mañana el Capitalismo,* Madrid, ed. Alianza, 1979.

160) Lidski, V. y otros : *Problemas de Matemáticas Elementales,* Moscú, ed. Mir, 1983.

161) Lipsey, Richard G. : *Introducción a la economía positiva,* Barcelona-España, ed. Vinces, 1.974.

162) Lorenz, Edward N. : *La Esencia del Caos,* Madrid, ed. Debate, 1995.

163) Luckács, Georg : *El Joven Hegel y los Problemas de la Sociedad Capitalista,* México, ed. Grijalbo, 1.963.

164) Luckács, Georg : *Historia y consciencia de clase,* Barcelona-España, ed. Grijalbo, 1.975.

165) Lukasiewicz, Jan : *Estudios de Lógica y Filosofía,* Madrid, ed. Revista de Occidente, 1975.

166) Malba Tahan : *El Hombre que Calculaba,* Barcelona, ed. Verón, 1978.

167) Maquiavelo, Nicolás : *El Príncipe,* México, ed. Porrúa, 1978.

168) Malcom, Norman : *Ludwig Wittgenstein,* A Memoir with a Biographical Sketch by George Henrik Von Wright, Oxford, ed. Oxford University Press, 1.975.

169) Malraux, André : *Política de la cultura,* Buenos Aires, ed. Síntesis, 1.976.

170) Mandel, Ernest: : *La formación del pensamiento económico de Marx,* México, ed. Siglo veintiuno., 1.973.

171) Mandel, Ernest: : *Tratado de economía marxista,* México, ed. Era, 1.974.

172) Marcuse, Herbert: : *An Essay on Liberation,* London, ed. Pelikan Books, 1.972.

173) Marcuse, Herbert: : *Eros y Civilización,* Barcelona-España, ed. Seix Barral, 1.972.

174) Marcuse, Herbert: : *One - Dimensional Man,* Boston, ed. Beacon Press, 1.972.

175) Marcuse, Herbert: : *Razón y Revolución,* Caracas, ed. U.C.V., 1.967.

176) Marx, C. y F. Engels : *Biografía del Manifiesto Comunista,* México, ed. Compañia General de Ediciones, 1.973.

177) Marx, C. y F. Engels. : *Obras Escogidas,* Moscú, ed. Progreso, 1.973.

178) Marx, Carlos y Federico Engels : *La Ideología Alemana,* Buenos Aires, ed. Pueblos Unidos, 1.973.

179) Marx, Carlos : *Diferencia entre la filosofía de la naturaleza según Democrito y según Epicuro,* Caracas, ed. U.C.V., 1.973.

180) Marx, Carlos : *El Capital* (crítica de la economía política), México, ed. F.C.E., Segunda Edición, 1.959. Traductor: Wenceslao Roces.

181) Marx, Karl : *A Contribution to the Critique of Political Economy*, London, ed. Lawrence Wishart, 1.971.

182) Marx, Karl : *Capital* (A critique of Political Economy), Moscow, ed. Progress, 1.967.

183) Marx, Karl : *Capital*, en Great Books of the Western World, Vol. 50, Chicago, ed. Encyclopaedia Britannica, 1.971, tomo 1. Traductores al inglés Samuel Moore y Edward Aveling.

184) Marx, Karl : *Early Writings*, London, ed. Penguin Books, 1.974.

185) Marx, Karl : *El Capital* (crítica, de la economía política) Argentina, ed. Siglo veintiuno, 1975. Traductor: Pedro Scaron.

186) Marx, Karl : *Escritos de Juventud*, Caracas, ed. U.C.V., 1.965.

187) Marx, Karl : *Grundrisse*, London, ed. Penguin Books, 1.973.

188) Marx, Karl : *Introducción general a la crítica de la economía política*, Buenos Aires, ed. Pasado y Presente, 1.971.

189) Marx, Karl : *Theories of surplus Value*, London, ed. Lawrence and Wishart, 1.969.

190) Marx/Engels : *Cartas sobre El Capital*, Barcelona-España, ed. Laia, 1.974.

191) Maza, Zavala, D.F. : *Análisis Macroeconómico*, Caracas, ed. U.C.V., 1.974.

192) McLellan, David : *Marx before Marxism*, Great Britain, ed. Pelikan Books, 1.972.

193) McLellan, David : *Marx*, Glasgow, ed. Fontana, 1.975.

194) Mehring, Franz : *Carlos Marx*, Barcelona - España, ed. Grijalbo, 1.975.

195) Mendenhall, William : *Introducción a la Probabilidad y la Estadística*, Belmont, ed. Wadsworth Internacional / IberoAmericana, 1982.

196) Mill, John Stuart : *On Liberty. Rrepresentative Government. Utilitarianism*, en Great Books of the Western World, Vol. 43, Chicago, ed. Encyclopaedia Britannica, 1971.

197) Mill, John Stuart : *Autobiografía*, Madrid, ed. Alianza, 1986.

198) Miller, Roger Le Roy : *Microeconomía Moderna*, México, ed. Harla, 1986.

199) Miller, Roger Le Roy : *Macroeconomía Moderna*, México, ed. Harla, 1986.

200) Miller, Roger Le Roy y Meiners Roger E.: *Microeconomía*, Bogotá, ed. McGraw Hill, 1988.

201) Momsen, Wolfgang J. : *La época del Imperialismo* (Europa 1.885 - 1.918). Madrid, ed. Siglo veintiuno, 1.973.

202) Nagel, E. y J. R. Newman : *El Teorema de Gödel*, Madrid, ed. Tecnos, 1970.

203) Napoleoni, C.: *Curso de economía política*, Barcelona-España, ed. Oikos, 1.973.

204) Napoleoni, C. : *Diccionario de economía política*, Madrid, ed. Castilla, 1.962.

205) Newton, Isaac : *Mathematical Principles of Natural Philosophy*, en Great Books of the Western World, Vol.34, Chicago, ed. Encyclopaedia Britannica, 1.971.

206) North, Douglas C. : *Estructura y cambio en la historia económica*, Madrid, ed. Alianza, 1984.

207) North, Douglas C. y Robert Paul Thomas : *El nacimiento del mundo occidental*, Madrid, ed. Alianza, 1978.

208) Nuñez Tenorio, J.R. : *Introducción a la Ciencia*, Caracas, ed. U.C.V., 1.975.

209) Papp, Arthur : *Semántica y verdad necesaria*, México, ed. F.C.E., 1.970.

210) Papy, Georges : *Matemática Moderna*, Buenos Aires, ed. Universitaria de Buenos Aires, 1968.

211) Peabody, Gerald E., Paul M. Sweezy y otros : *Paradigmas radicales en la economía*, Barcelona, ed. Anagrama, 1.977.

212) Pears, David : *Wittgenstein*, Great Britain, ed. Fontana, 1.971.

213) Perelman, Y. : *Matemáticas Recreativas*, Barcelona, ed. Martínez Roca, 1977.

214) Petkoff, Teodoro : *Proceso a la izquierda*, Barcelona, ed. Planeta, 1.976.

215) Piskunov, N. : *Cálculo Diferencial e Inregral*, Moscú, ed. Mir, 1983.

216) Planchart, Alfredo : *Arte, Ciencia y Conocimiento (Cinco Ensayos Epistemológicos)*, Caracas. ed. Avila Arte, 1990.

217) Plato : *The dialogues of Plato*, en Great Books of the Western World, Vol. 7, Chicago, ed. Encyclopaedia Britannica, 1.971.

218) Poincare, Henri : *Ultimos Pensamientos*, Buenos Aires, ed. Espasa - Calpe, 1946.

219) Polanyi, Michael : *El Estudio del Hombre*, Buenos Aires, ed. Paidós, 1966.

220) Popper, Karl : *Conjectures and Refutations*, London, ed. Routledge and Kegan Paul, 1.976.

221) Popper, Karl : *La miseria del historicismo*, Madrid, ed. Alianza, 1.973.

222) Popper, Karl : *La sociedad abierta y sus amigos*, Buenos Aires, ed. Paidós, 1.967.

223) Popper, Karl : *Objective Knowledge*, Oxford, ed. Oxford University Press, 1.975.

224) Popper, Karl : *The Logic of Scientific Discovery*, New York, ed. Harper Row, 1.965.

225) Popper, Karl : *Unended Quest*, Glasgow, ed. Fontana, 1.977.

226) *Problems of Space and time*, Selección e introducción de J.J.C. Smart, New York, ed. McMillan, 1.973.

227) Proust, Marcel : *En busca del tiempo perdido*, Madrid, ed. Alianza, 1.975.

228) Putnam, Hilary : *Mathematics, Matter and Method*, Massachusetts, de. Cambridge University Press, 1975.

229) Quine, W.V.O. : *Desde un punto de vista lógico*, Barcelona-España, ed. Ariel, 1.962.

230) Quine, W.V.O. :*Palabra y Objeto*, Barcelona, ed. Labor, 1968.

231) Quine, W.V.O. : *Lógica Matemática,* Madrid, ed. Revista de Occidente, 1972.

232) Quine, W.V.O. : *Filosofía de la Lógica,* Madrid, ed. Alianza, 1973.

233) Quine, W.V.O. : *La Relatividad Ontológica,* Madrid, ed. Tecnos, 1974.

234) Quine, W.V.O. : *The Roots of Reference,* La Salle, ed. Open Court, 1974.

235) Reich, Wilheim : *Análisis del Carácter,* Buenos Aires, ed. Paidos, 1.974.

236) Reichenbach, Hans : *The Philosophy of Space Time, New York,* ed. Dover, 1.958.

237) Reichenbach, Hans : *La Filosofía Científica,* México, ed. Fondo de Cultura Económica, 1973.

238) Reichenbach, Hans : *Moderna Filosofía de la Ciencia,* Madrid, ed. Tecnos, 1965.

239) Rivadeneyra, Jorge : *Teoría de las Desproporciones,* Caracas, ed. Faces / U.C.V., 1996.

240) Robbin, Joel W. : *Mathematical Logic,* New York, ed. W. A. Benjamin, 1969.

241) Rossi Landi, Ferruccio : *El Lenguaje como trabajo y como mercado,* Caracas, ed. Monte Ávila, 1.970.

242) Rousseau, Jean Jacques : *On the origin of inequality, On political economy, The social contract,* en Great Books of the Western World, vol. 33, Chicago, ed. Encyclopaedia Britannica, 1.971.

243) Rousseau, Jean Jacques : *Del Contrato Social. Discurso sobre las Ciencias y las Artes. Discurso sobre el Origen de la Desigualdad entre los Hombres*, Madrid, ed. Alianza, 1980.

244) Rusconi, G.E. : *Teoría crítica de la sociedad*, Barcelona-España, ed. Martínez Roca, 1.969.

245) Russel, Bertrand : *A Critical Exposition of the Philosophy of Leibniz*, London, ed. Allen Unwin, 1.975.

246) Russel, Bertrand : *Introduction to Mathematical Philosophy*, London, ed. Allen Unwin, 1.970.

247) Russel, Bertrand : *Logic and Knowledge*, London, ed. Allen Unwin, 1.971.

248) Russel, Bertrand : *Marriage an Morals*, London, ed. Allen Unwin, 1.976.

249) Russel, Bertrand : *Mysticism and logic and other essays*, London, ed. Unwin Books, 1.974.

250) Russel, Bertrand : *The Principles of Mathematics*, London, ed. Allen Unwin, 1.972.

251) Russel, Bertrand : *The Scientific Outlook*, London, ed. Allen Unwin, 1.962.

252) Russel, Bertrand : *Wisdom of the West*, London, ed. Rathbone Books, 1.959.

253) *Russell´s Logical Atomism*, edición e introducción de David Pears, Great Britain, ed. Fontana, 1.972.

254) Sachs, Jeffrey D. y Felipe Larraín : *Macroeconomía en la Economía Global*, México, ed. Prentice Hall Hispanoamericana, 1994.

255) Samuelson, Paul A. y William D. Nordhaus : *Economía*, México, ed. McGraw - Hill, 1988.

256) Sartre, Jean Paul : *El existencialismo es un humanismo, Buenos* Aires, ed. Sur, 1.973.

257) Sartre, Jean-Paul : *Crítica de la razón dialéctica,* Buenos Aires, ed. Losada, 1.970.

258) Schlick, Moritz : *General Theory of Knowledge*, Viena, ed. Springer - Verlag, 1974.

259) Schrödinger, Erwin : *What is Life? Mind and Matter*, Cambridge, ed. Cambridge University Press, 1967.

260) Sher, William y Rudy Pinola : *Teoría Microeconómica,* Madrid, ed. Alianza, 1989.

261) Silva, Ludovico : *La Plusvalía Ideológica,* Caracas, ed. U.C.V. ,1.970.

262) Silva, Ludovico : *Teoría y práctica de la ideología,* México, ed. Nuestro tiempo, 1.974.

263) Sokolnikoff, I. S. : *Análisis Tensorial,* Madrid, ed. Index - Prial, 1971.

264) Spinoza, Baruch : *Ética,* Buenos Aires, ed. Aguilar, 1.973.

265) Spinoza, Baruch : *Reforma del Entendimiento,* Maracaibo, ed. Universidad del Zulia, 1.968.

266) Spinoza, Baruch : *Tratado Teológico político y tratado político,* Madrid, ed. Tecnos, 1.966.

267) Sraffa, Piero : *Producción de mercancías por medio de las mercancías,* Barcelona-España, ed. Oikos, 1.966.

268) Stegmüller, Wolfgang : *Teoría y Experiencia*, Barcelona, ed. Ariel, 1.979.

269) Stegmüller, Wolfgang : *Collected Papers on Epistemology, Philosophy of Science and History of Philosophy*, Dordrecht, ed. D. Reidel, 1977.

270) Stone, Gene : *Stephen Hawking*, México, ed. Planeta, 1994.

271) Suppe, Frederick: : *The Structure of Scientific Theories*, Urbana, ed. University of Illinois Press, 1.977.

272) Sweezy, Paul M. : *El capitalismo moderno y otros ensayos*, México, ed. Nuestro tiempo, 1.973.

273) Sweezy, Paul M. : *Teoría del desarrollo capitalista*, México, ed. F.C.E., 1.974.

274) Swokowski, Earl W. : *Cálculo*, Belmont, ed. Wadsworth Internacional IberoAméricana. 1982.

275) Tarsky, Alfred : *Logic, Semantics, Meta-Mathematics*, Oxford, ed. Oxford University Press, 1.969.

276) Tarsky, Alfred : *La Concepción Semántica de la Verdad y los Fundamentos de la Semántica*, Buenos Aires, ed. Nueva Visión, 1972.

277) Tarsky, Alfred : *Introducción to Logic and to the Methodology of Deductive Sciences*, New York, ed. Oxford University Press, 1973.

278) Taylor, Howard E. y Thomas L. Wade : *Cálculo diferencial e integral*, México, ed. Limusa, 1995.

279) Thomas, George B. y Ross L. Finney : *Cálculo con Geometría Analítica*, México, ed. Addison-Wesley Iberoamericana, 1987.

280) Tocqueville : *La Democracia en América*, México, ed. Fondo de Cultura Económica, 1984.

281) Toulmin, Stephen : *Human Understanding*, Oxford, ed. Oxford University Press, 1.972.

282) Trotsky, León : *Historia de la Revolución Rusa*, Buenos Aires, ed. Galerna, 1.972.

283) Tse-Tung, Mao : *Four Essays on Philosophy*, Peking, ed. Foreing Languages Press, 1.968.

284) Von Wright, G. H. : *Logical Studies*, London, ed. Routledge and Kegan Paul, 1967.

285) Waisman, Friedrich : *Ludwig Wittgenstein y el Círculo de Viena*, México, ed. F.C.E., 1.973.

286) Wartofky, Marx W. : *Introducción a la filosofía de la Ciencia*, Madrid ed. Alianza Universidad, 1.973.

287) Weber, Max : *La Etica Protestante y el Espíritu del Capitalismo*, Barcelona, ed. Península, 1975.

288) Weinberg, Steven : *The First Three Minutes*, New York, ed. Basic Books, 1977.

289) Wentworth, Jorge y David Eugenio Smith : *Geometría Plana y del Espacio*, Nueva York, ed. Ginn y Compañía, 1915.

290) Whithead   Russel : *Principia Mathematica*, Cambridge, ed. Cambridge University Press, 1.973.

291) Whittaker, Edmund : *From Euclid to Eddington*, New York, ed. Dover, 1.958.

292) Wiskemann, Elizabeth : *Europe of the Dictators 1.919-1.945*, London, ed. Fontana, 1.973.

293) Wittgenstein, Ludwig : *Lectures and Conversations on Aesthetics, Psychology and Religious Belief*, Los Angeles, ed. University of California Press, 1.967.

294) Wittgenstein, Ludwig : *Notebooks 1.914-1.916*, New York, ed. Harper Row, 1.961.

295) Wittgenstein, Ludwig : *Philosophical investigations*, Oxford, ed. Basil Blackwell, 1.974 . Traductora: G.E.M. Anscombe.

296) Wittgenstein, Ludwig : *Sobre la certidumbre*, Caracas, ed. Tiempo Nuevo, 1.972.

297) Wittgenstein, Ludwig : *The Blue and Brown Books*, Oxford, ed. Basil Blackwell, 1.975.

298) Wittgenstein, Ludwig : *Tractatus Logico-Philosophicus*, London, ed. Routledge Kegan Paul, 1.974. Traductores al inglés: D.F. Pears B.F. McGuinnes.

299) Woolf, Virginia : *Orlando*, Buenos Aires, ed. Sudamericana, 1968.

300) Zamora, Francisco : *Tratado de Economía*, México, ed. F.C.E., 1.974.

Earth edition

www.EarthEdition.org

www.ingramcontent.com/pod-product-compliance
Lightning Source LLC
Chambersburg PA
CBHW030826090426
42737CB00009B/895